하루 1시간 아침에 외우는
800점 돌파 어원별 토익영단어

KOIKE NAOMI

제이플러스

|저자| **小池直己** KOIKE NAOMI

일본 도치기 현에서 태어남. 일본 히로시마대학 대학원 수료. 가와이주쿠, 요요기 제미날, 동진 하이스쿨 강사를 거쳐 대동문화대학 외국어학부 조교수, 입교대학 강사. 입시학원에서 폭발적인 인기를 얻게 된 《코이케 영어》는 참고서로도 출판되어 중판을 거듭하였고 수험생들에게 대호평을 얻었다. 1991년부터 1년 동안 캘리포니아대학 로스엔젤레스 대학(UCLA)의 객원연구원으로 체재한 바 있다.

저서로는 《이것만 기억하면 충분하다고 단언할 수 있는 영어 단어 2247》(實業之日本社), 《영문법을 5일간에 공략하는 책》(PHP연구소), 《TOEIC에 나오는 영어 단어 1740개를 쉽게 암기해 버리는 책》(朝日出版社) 등 140권 정도가 있다.

ASA NO TUUKIN ICHIZIKAN DE OBOERU TOEIC® TEST EITANGO By Koike Naomi
Copyright ⓒ 1999 by Koike Naomi
Orginal Japanese edition published by Kodansha Ltd.
Korean translation rights ⓒ 2004 by J-PLUS Publishing Co.
Korean translation rights arranged with Kodansha Tokyo through EntersKorea Co., Ltd., Seoul, Korea.

이 책의 한국어판 저작권은 (주)엔터스코리아를 통한 일본의 Kodansha Ltd.와의 독점 계약으로 도서출판 제이플러스가 소유합니다. 신 저작권법에 의하여 한국 내에서 보호를 받는 저작물이므로 무단전재와 무단복제를 금합니다.

하루 1시간 아침에 외우는
800점 돌파 어원별 토익영단어

초판발행 2004년 8월 15일
3쇄발행 2006년 9월 15일

저자 小池直己(KOIKE NAOMI)
발행인 이기선
발행처 제이플러스
　　　　121-824 서울시 마포구 망원동 438-22 상우빌딩 3F
전화 02-332-8320　**팩스** 02-332-8321
홈페이지 www.jplus114.com
등록번호 제10-1680호
등록일자 1998년 12월 9일

ISBN 89-88701-64-X
Printed in Korea

값 5,800원

＊파본은 구입하신 서점이나 본사에서 바꾸어 드립니다.

머리말

  토익 시험 문제를 분석해 보면, 어려운 문제나 이상한 문제는 적고 매번 실용적이고 현대적인 살아 있는 문제가 반복해서 출제되는 경향이 있습니다. 이 책에서는 특히 문제 해결의 중요한 열쇠를 쥐고 있는 영어 단어를 엄선하여 어원으로 기억함으로써 단시간에 집중적으로 마스터할 수 있도록 학습의 효율성을 꾀하였습니다.

  예를 들어 inspect는 in=가운데, spect=보다(안을 보다 → 검사하다)로 기억하고, exspect는 ex=바깥, spect=보다(밖을 보다 → 기대하다), retrospect는 retro=뒤, spect=보다(뒤를 보다 → 회상하다)와 같이 연상하여 기억할 수 있도록 한 것입니다.

  또, 하나의 단어를 암기하면 그 동의어, 반의어 등을 같이 익힘으로써 어휘 수를 확장시켜 나갈 수 있습니다.

  영어 단어는 이와 같이 정리하여 기억하다 보면 기억에 오래 남는다는 것을 알고 계실 겁니다.

  한자를 외울 때도 글자의 뜻을 생각하면서 익혀야 하듯이 영어 단어도 한자와 마찬가지로 기계적으로 만들어진 것이 아니라, 긴 역사가 있어 각각의 어원이 있다는 것을 잊어서는 안됩니다.

    시험에 나오는 영어 단어 전부를 어원별로 나누어 기억할 수는 없지만, TOEIC 시험 등에서 키워드 역할을 하는 단어 80% 이상은 어원으로 설명할 수 있습니다.

    매회 출제되는 영문과 리스닝 문제에 사용되는 방송용 원고의 대부분은 잡지·신문·방송 광고나 비즈니스 등에서 사용되는 문장이 많습니다. 여기에 사용되고 있는 언어의 대부분은 라틴어 등에 어원을 둔 추상적인 것입니다. 따라서 단어의 의미를 어원으로부터 유추하는 요령을 한번 기억해 두면 모르는 단어를 만나더라도 접두사·접미사·어근 등으로 간단하게 유추할 수 있습니다.

    월요일과 화요일의 장은 각각 450단어, 이틀간 총 900개의 단어를 기억하는 구조로 되어 있습니다. 얼핏 불가능하다고 생각할지도 모르겠지만 영어 단어를 1페이지분의 페이스로 하면 할 수 있도록 했습니다. 처음부터 완전히 암기하는 것이 아니라 어원으로 예전에 배운 단어를 다시 한번 정리하는 방식을 쓴다면 단시간에 마스터하는 것이 결코 불가능한 것은 아닙니다.

    어원 중심으로 해설하는 방법을 취하고 있기 때문에 여러 개의 어원에서 같은 단어를 해설한 경우가 있는데, 이러한 단어는 모르는 단어를 유추하는 데 있어서 그만큼 중요하다고 볼 수 있습니다.

    또 효과적인 학습을 위하여 TOEIC 시험에 나오지 않은 단어는 철저하게 생략하고, 악센트 표시도 미국식 영어로 통일하였습니다.

　수요일에는 TOEIC 시험 중에서도 특히 독해와 리스닝 문제에 자주 나오는 비즈니스에 관한 영단어 200을 싣고, 비즈니스 분야별로 분류하여 효율적으로 암기할 수 있도록 구성하였습니다.

　목요일과 금요일에는 TOEIC 시험의 모든 분야에서 출제 빈도가 높으면서도 약간 레벨이 높은 단어 · 숙어 · 관용구를 정리하여 실었습니다. 얼마나 알고 있는지 체크하면서 암기하시기 바랍니다.

　이 '월~금'을 반복하여 공부하면 보다 확고한 어휘력을 몸에 익힐 수 있습니다.
　특히 중요하다고 생각되는 단어는 색으로 표시하였으므로 우선은 색으로 되어 있는 단어를 우선적으로 체크하면서 진도를 나가는 것도 좋을 것입니다.

　부록은 저자가 가르치고 있던 대학에서 1년간 TOEIC 시험 점수가 150점이 오른(850점) 한 학생의 노트의 두 가지 정리법을 참고하여 만들어 보았습니다. 단어를 능률적으로 정리하여 기억할 수 있도록 한 점에 주목했으면 합니다. 그녀는 현재, 사회인으로 활동하고 있지만 노트의 일부를 공개하는 것에 대해 쾌히 승낙해 주었습니다.

이 자리를 빌어 감사의 뜻을 전하고 싶습니다.

  이 책을 마스터하면 TOEIC 문제의 독해·문법·리스닝 모든 분야에서 크게 발전할 수 있으리라 생각합니다.
  부디 이 책으로 주어진 시간을 효과적으로 활용하여 승리의 면류관을 쓸 수 있게 되기를 진심으로 바랍니다!

코이케 나오미

차례

Monday
어원으로 기억하는 중요 기본영어(1) **450** ⋯⋯⋯⋯⋯⋯⋯⋯⋯ *11*

Tuesday
어원으로 기억하는 중요 기본영어(2) **450** ⋯⋯⋯⋯⋯⋯⋯⋯⋯ *79*

Wednesday
자주 나오는! 비즈니스영어 주요어구 **200** ⋯⋯⋯⋯⋯⋯⋯⋯ *149*

Thursday
자주 나오는! 키워드 **220** ⋯⋯⋯⋯⋯⋯⋯⋯⋯⋯⋯⋯⋯⋯⋯ *167*

Friday
자주 나오는! 키워드＋관용어구 **220** ⋯⋯⋯⋯⋯⋯⋯⋯⋯⋯ *187*

부록
Part 1
1년에 **150**점을 올린다!
TOEIC 테스트에서 **850**점을 받은 학생의 단어장 ⋯⋯⋯⋯⋯ *211*

Part 2
800점 이상을 목표로 하는 영어 단어장 ⋯⋯⋯⋯⋯⋯⋯⋯⋯ *241*

Index ⋯⋯⋯⋯⋯⋯⋯⋯⋯⋯⋯⋯⋯⋯⋯⋯⋯⋯⋯⋯⋯⋯⋯ *270*

하루 1시간 아침에 외우는

800점 돌파 어원별 토익영단어

「월·화·수·목·금」 5일에 끝낸다!

일러두기

○ 영국식과 미국식 철자가 있을 때는 기본적으로 미국식 철자를 사용했습니다.
  발음기호도 그에 준하여 표기했습니다.
○ 특히 중요하다고 생각되는 단어나 어구는 색으로 표시했습니다.
○ *항목은 어원이나 접두어, 접미어를 조합해 놓아 단어의 뜻을 유추할 수 있도록
  하였습니다.

월요일 Monday

어원으로 기억하는 중요 기본영단어(1)
450

01 어원 ali, alter, altru : 다른

alien
[éiliən]
형 외국의
명 외국인

alienate
[éiliənèit]
동 소외하다

alter
[ɔ́:ltər]
동 (장소 등을) 바꾸다

alternate
[ɔ́:ltərnèit]
동 교체하다, 교체시키다

alternative
[ɔ:ltə́:rnətiv]
형 양자택일의

altruism
[ǽltruìzm]
명 이타주의
*altru(다른)+ism(주의)

02 어원 alt, alti : 높은

월요일 | Monday

altar
[ɔ́ːltər]

명 (높은 곳에 있는) 제단

altimeter
[æltímətər]

명 고도계
*alti(높은)+meter(기계)

altitude
[ǽltit(j)ùːd]

명 고도
*alti(높은)+tude(명사화어미)

exalt
[igzɔ́ːlt]

동 높이다
*ex(강조의 뜻)+alt(높은)

exaltation
[èɡzɔːltéiʃən]

명 높이는 것, 승진

---

03 어원 **am** : 사랑

amateur
[ǽmətʃùər]

명 아마추어, 애호가

amiable
[éimìəbl]

형 붙임성 있는

amicable
[ǽmikəbl]
[형] 우호적인

amity
[ǽməti]
[명] 친목

amorist
[ǽmərist]
[명] 호색꾼, 연애 유희자

amorous
[ǽmərəs]
[형] 다정한
*am(사랑)+ous(~으로 가득한)

paramour
[pǽrəmùər]
[명] 애인

04 어원 ang(1), anx : 목을 조르다

anguish
[ǽŋgwiʃ]
[명] 고뇌

anxiety
[æŋzáiəti]
[명] 염려

월요일 | Monday

anxious
[ǽŋk∫əs]

형 염려스러운

05 어원 **ang(2), anch : 구부러진**

anchor
[ǽŋkər]

명 (배의) 닻

angle
[ǽŋgl]

명 각도

angler
[ǽŋglər]

명 낚시꾼

angular
[ǽŋgjulər]

형 모난, 외고집의

06 어원 **anim : 숨**

animate
[ǽnəmèit]

동 힘이 나게 하다

animation
[æ̀nəméiʃən]
뗭 생기, 활기

inanimate
[inǽnəmət]
혱 활기 없는

unanimous
[juːnǽnəməs]
혱 합의의, 만장일치의
*un(하나)+anim(숨)

07 어원 aqu, aqua : 물

aquarium
[əkwéəriəm]
뗭 수족관
*aqua(물)+um(장소)

aquatic
[əkwɑ́tik]
혱 물의, 수중의

aqueduct
[ǽkwidʌ̀kt]
뗭 수로, 수도
*aqu(물)+duct(이끌다)

08 어원 arch : 지배

월요일 | Monday

anarchism
[ǽnərkìzm]

명 무정부주의
*an(부정)+arch(지배)+ism(주의)

anarchy
[ǽnərki]

명 무정부(상태)

archbishop
[à:rtʃbíʃəp]

명 대주교

monarch
[mánərk]

명 군주
*mon(단일)+arch(지배)

09 어원 arm : 무기

armada
[à:rmá:də]

명 함대

armament
[á:rməmənt]

명 무기, 군사력, 군비

armour
[á:mə]

명 갑옷

disarm
[disά:rm]

[동] 무장을 해제하다
* **dis**(부정)+**arm**(무기)

disarmament
[disά:rməmənt]

[명] 군비축소, 무장해제
* **dis**(제거하다)+**armament**(군비)

10 어원 astro, aster : 별

asterisk
[ǽstərìsk]

[명] 별표(*)

astrology
[əstrάlədʒi]

[명] 점성술
* **astro**(별)+**logy**(~론 · ~술)

astronomy
[əstrάnəmi]

[명] 천문학
* **astro**(별)+**nomy**(학문)

disaster
[dizǽstər]

[명] 불운, 불행
* **dis**(나쁜)+**aster**(별)

11 어원 auct, aug : 증대하다

월요일 | Monday

auction
[ɔ́ːkʃən] — 명 경매

augment
[ɔːgmént] — 동 증대하다, 증가하다

august
[ɔːgʌ́st] — 형 웅대한, 당당한

12 어원 aud : 듣다

audible
[ɔ́ːdəbl] — 형 들을 수 있는

audience
[ɔ́ːdiəns] — 명 청중

audit
[ɔ́ːdit] — 명 감사

audition
[ɔːdíʃən] — 명 청취 테스트

auditor
[ɔ́:ditər]

몡 청강생

auditorium
[ɔ̀:ditɔ́:riəm]

몡 강당
*auditor(청강생)+um(장소)

---

13 어원 auto : 자기

---

autobiography
[ɔ̀:toubaiágrəfi]

몡 자서전
*auto(자기)+bio(생명)+graphy(쓴 것)

autocrat
[ɔ́:təkræt]

몡 독재자
*auto(자기)+crat(힘)

autonomy
[ɔ:tánəmi]

몡 자치
*auto(자기)+nomy(법)

autonym
[ɔ́:tənìm]

몡 (저자의) 본명
*auto(자기)+nym(이름)

---

14 어원 avi, au : 새

auspice
[ɔ́ːspis]
[명] 보호, 전조, 길조
*au(새)+spice(보다)

auspicious
[ɔːspíʃəs]
[형] 경사스러운, 길조의

avian
[éiviən]
[형] 새의

aviary
[éivièri]
[명] 새장
*avi(새)+ry(장소)

aviation
[èiviéiʃən]
[명] 비행, 항공

15 어원 bar : 빗장, 가로목

barrel
[bǽrəl]
[명] (중배가 불룩한) 통, 배럴(31.5갤런)

barrier
[bǽriər]
[명] 장벽

embargo
[embá:*r*gou]

명 선박의 출입항 금지
*em(부정)+bar(가로목)
=항구 입구에 나무를 가로지르다

embarrass
[embǽrəs]

동 방해하다
*em(=en 가운데, 속)+bar(가로목)

16 어원 bat : 막대, 막대로 치다

abate
[əbéit]

동 감소시키다
*ab(떼어 놓다)+bat(치다)

battalion
[bətǽljən]

명 대대
*battle(전투)+ion(=oon 큰 것)

battle
[bǽtl]

명 전투

battleship
[bǽtlʃip]

명 전함
*battle(전투)+ship(배)

combat
[kámbæt]

명 전투, 격투

17 어원 bell : 전쟁

bellicose
[bélikòus]
[형] 호전적인

belligerent
[bəlídʒerənt]
[형] 교전중인

rebel
[rébl]
[명] 반역자

rebellion
[ribéljən]
[명] 반란

18 어원 biblio : 책

bibliography
[bìbliágrəfi]
[명] 참고문헌
*biblio(책)+graphy(쓴 것)

bibliophile
[bíbliəfàil]
[명] 애서가
*biblio(책)+phile(사랑)

19 어원 bio : 생명

antibiotic
[æ̀ntibaiɑ́tik]
- 형 항생의
- 명 항생물질
- *anti(반대)+biotic(생명의)

autobiography
[ɔ̀:toubaiɑ́grəfi]
- 명 자서전
- *auto(자기)+bio(생명)+graphy(쓴 것)

biochemistry
[bàioukémistri]
- 명 생화학

biographer
[baiɑ́grəfər]
- 명 전기작가

biologist
[baiɑ́lədʒist]
- 명 생물학자

biology
[baiɑ́lədʒi]
- 명 생물학

biotic
[baiɑ́tik]
- 형 생명의, 생물의

20 어원 cad, cas, cid : 떨어지다

cascade
[kæskéid]
[명] 작은 폭포
* '물이 떨어지다' 의 뜻.

casual
[kǽʒuəl]
[형] 우연의

coincide
[kòuinsáid]
[동] 동시에 일어나다
* co(함께)+cid(떨어지다)

decadence
[dékədəns]
[명] 퇴폐

incident
[ínsidənt]
[명] 일어난 일
* in(안, 속)+cid(떨어지다)

21 어원 cand : 백열

candent
[kǽndənt]
[형] 백열의, 작열하는

candescent
[kændésnt]

혱 백열광의
*cand(백열)+escent(~하기 시작하고 있는)

candidate
[kǽndidèit]

몡 후보자, 지원자

candle
[kǽndl]

몡 양초
*cand(백열)+le(도구)

candor
[kǽndər]

몡 솔직

---

22 어원 car, char : 차

---

cargo
[káːrgou]

몡 화물

cart
[káːrt]

몡 (말 · 나귀 · 소가 끄는) 짐수레

discharge
[distʃáːrdʒ]

동 짐을 내리다, 해고하다
*dis(떨어지다)+char(차)

23 어원 carn : 살

carnal
[kɑ́:rnl]
[형] 육체의, 육감적인

carnival
[kɑ́:rnəvəl]
[명] 사육제

incarnate
[ìnkɑ́:rneit]
[동] 육체를 부여하다, 구체화하다
*in(안)+carn(살)

24 어원 ced, ceed, cess : 가다

accede
[æksí:d]
[동] (제의 · 요구 등에) 응하다
*ac(~의 방향으로)+ced(가다)

access
[ǽkses]
[명] 접근

ancestor
[ǽnsestər]
[명] 조상, 선구자
*an(앞)+ces(=cess 가다)

excess
[iksés]

명 초과

precedence
[présidəns]

명 선행, 우위

proceed
[prəsíːd]

동 나아가다

recede
[risíːd]

동 후퇴하다
*re(뒤)+ced(가다)

succession
[səkséʃən]

명 연속

25 어원 cit : 외치다

excite
[iksáit]

동 흥분시키다
*ex(밖)+cit(외치다)

incite
[insáit]

동 자극하다, 격려하다
*in(안)+cit(외치다)

recitation
[rèsitéiʃən]
[명] 암송

recite
[risáit]
[동] 암송하다
*re(다시)+cit(외치다)

solicitation
[səlìsitéiʃən]
[명] 간원, 간청

26 어원 clude, close : 닫다

conclude
[kənklúːd]
[동] 끝내다

disclose
[disklóuz]
[동] 드러내다
*dis(제거하다)+close(닫다)

enclose
[enklóuz]
[동] 동봉하다
*en(=in 안)+close(닫다)

exclude
[iksklúːd]
[동] 제외하다

include
[inklúːd]

[동] 포함하다
*in(안)+clude(닫다)

seclude
[siklúːd]

[동] 차단하다
*se(떨어져서)+clude(닫다)

27 어원 cor, cord, cour : 마음

accord
[əkɔ́ːrd]

[명] 일치
[동] 일치하다

accordance
[əkɔ́ːrdəns]

[명] 일치, 조화

accordingly
[əkɔ́ːrdiŋli]

[부] 게다가

concord
[káŋkɔːrd]

[명] 화합
*con(함께)+cord(마음)

cordial
[kɔ́ːrdʒəl]

[형] 마음에서 우러난

월요일 | Monday

cordially
[kɔ́:rdʒəli]
㉾ 진심으로

courage
[kə́:ridʒ]
㊍ 용기

courageous
[kəréidʒəs]
㊏ 용기있는

discord
[dískɔ:rd]
㊍ 불화
*dis(떨어져서)+cord(마음)

discourage
[diskə́:ridʒ]
㊌ 낙담시키다

encourage
[enkə́:ridʒ]
㊌ 용기를 북돋우다

encouragement
[enkə́:ridʒmənt]
㊍ 격려, 장려

---

28 어원 **cred** : 믿다

credible [krédəbl]	형 신용할 수 있는 *cred(믿다)+ible(=able ~할 수 있는)
credit [krédit]	명 신용
creditor [kréditər]	명 채권자
credulous [krédʒələs]	형 (남의 말 등을) 잘 믿는
creed [kríːd]	명 신조

29 어원 cri, crim : 판단하다, 끊다

crime [kráim]	명 (법률상의) 죄, 범죄
criminal [kríminəl]	명 범죄자 형 범죄의

월요일 | Monday

crisis
[kráisis]

명 위기

criterion
[kraitíəriən]

명 기준, 표준

discriminate
[diskrímənèit]

동 구별하다
*dis(떨어져서)+crim(판단하다)

30 어원 cross, crus : 십자

cross-examination
[krɔ́(:)sigzæmənéiʃən]

명 반대심문

crosswise
[krɔ́(:)swàiz]

형 십자형으로, 가로로, 엇갈리게
*cross(십자)+wise(방향)

crucify
[krú:sifài]

동 십자가에 못박다, 몹시 괴롭히다

cruise
[krú:z]

동 순항하다

crusade
[kruːséid]
명 십자군

31 어원 cur : 주의, 배려, 염려

cure
[kjúər]
동 치료하다

curio
[kjúəriòu]
명 골동품

curious
[kjúəriəs]
형 호기심이 강한, 이상한

secure
[sikjúər]
형 안전한
*se(떨어지다)+cur(염려)

security
[sikjúərəti]
명 안전, 보증

32 어원 dam, dem : 천벌, 손해

월요일 | Monday

condemn
[kəndém]

동 (강하게) 비난하다
*con(강조의 의미)+dem(손해)

damage
[dǽmidʒ]

명 손해

damnation
[dæmnéiʃən]

명 저주, 비난

indemnify
[indémnəfài]

동 배상하다
*in(부정)+dem(손해)

indemnity
[indémnəti]

명 손해배상

---

33 어원 deb, du : 돈을 빌리다

---

debenture
[dibéntʃər]

명 채권, 채권증서

debt
[dét]

명 빚, 채무

debtor
[détər]

명 채무자

dutiful
[d(j)úːtifəl]

형 본분을 다하는

indebted
[indétid]

형 부채가 있는
*in(안)+deb(돈을 빌리다)

34 어원 dict, dicate : 말하다

benediction
[bènidíkʃən]

명 축복
*bene(좋은)+dict(말하다)

dedicate
[dédikèit]

동 헌납하다
*de(아래로)+dicate(말하다)

dictator
[díkteitər]

명 지령자

diction
[díkʃən]

명 용어선택, 어법, 말씨

월요일 | Monday

indicate
[índikèit]

동 나타내다

predict
[pridíkt]

동 예언하다

35 어원 doc : 가르치다

docile
[dásəl]

형 가르치기 쉬운, 순종적인
*doc(가르치다)+ile(~에 적합하다)

doctrine
[dáktrin]

명 교양

document
[dákjəmənt]

명 문서

36 어원 dogma, dox : 의견

dogma
[dɔ́(:)gmə]

명 교리

dogmatic
[dɔ̀(:)gmǽtik]

[형] 독단적인

heterodox
[hétərədɑ̀ks]

[형] 이단의
*hetero(다르다)+dox(의견)

orthodox
[ɔ́:rθədɑ̀ks]

[형] 정통의

paradox
[pǽrədɑ̀ks]

[명] 역설

37 어원 dom : 집, 지배

domestic
[dəméstik]

[형] 가정의, 국내의

domicile
[dɑ́məsàil]

[명] 주거

dominate
[dɑ́mənèit]

[동] 지배하다

월요일 | Monday

dominion
[dəmínjən]

명 지배, 영토

38 어원 equ : 동등한

adequate
[ǽdikwət]

형 상응하는
*ad(~에)+equ(같은)

equanimity
[ìːkwəníməti]

명 평정
*equ(같은)+anim(정신)

equator
[ikwéitər]

명 (the ~) 적도

equinox
[íːkwənɑ̀ks]

명 춘(추)분
*equ(같은)+nox(밤)

39 어원 fact, fect : 만들다, 하다

affect
[əfékt]

동 ~에 영향을 미치다
*af(=ad ~에)+fect(만들다)

benefactor
[bénəfæktər]

명 은인
*bene(좋은)+factor(요소)

factory
[fǽktəri]

명 공장

infect
[infékt]

동 감염시키다
*in(안)+fect(만들다)

---

40 어원 **face, faci : 얼굴, 면**

---

deface
[diféis]

동 (외관을) 손상하다, 더럽히다
*de(내리다)+face(면)

efface
[iféis]

동 지우다, 말살하다
*ef(=ex 바깥)+face(얼굴)

preface
[préfis]

명 서문
*pre(앞)+face(얼굴)

surface
[sə́ːrfəs]

명 표면
*sur(위)+face(면)

월요일 | Monday

41 어원 **fam** : 말하다

defame
[diféim]
동 중상하다
*de(내리다)+fam(말하다)

fame
[féim]
명 명성

infamy
[ínfəmi]
명 불명예
*in(부정)+fam(말하다)

42 어원 **fid** : 믿다

confide
[kənfáid]
동 신임하다, 신뢰하다

confidence
[kánfidəns]
명 신용

diffidence
[dífidəns]
명 자신이 없음
*dif(=dis 떨어지다)+fid(믿다)

| fidelity
[fidéləti] | 명 충실 |

| infidel
[ínfidl] | 명 (특정 신앙의) 불신자, 이교도
*in(부정)+fid(믿다) |

43 어원 fic, fig : 모양을 만들다

| disfigure
[disfígjər] | 동 외관을 손상하다, 볼꼴사납게 하다 |

| fiction
[fíkʃən] | 명 소설 |

| figment
[fígmənt] | 명 허구(=fiction) |

| figurative
[fígjərətiv] | 형 비유적인 |

| figure
[fígjər] | 명 도형, 인물, 숫자 |

월요일 | Monday

figurehead
[fígjəhèd]

명 명목상의 지도자

44 어원 **fin** : 끝

confine
[kənfáin]

동 제한하다
*con(함께)+fin(끝)

fine
[fáin]

명 벌금

finite
[fáinait]

형 한정된

infinite
[ínfənət]

형 무한의
*in(부정)+fin(끝)

refine
[rifáin]

동 정제하다, 품위있게 하다
*re(다시)+fin(끝)

45 어원 **flam** : 태우다

flame
[fléim]
명 불꽃

flamingo
[fləmíŋgou]
명 플라밍고(새)

flammable
[flǽməbl]
형 가연성의
*flam(타다)+able(가능)

inflame
[infléim]
동 불태우다
*in(안)+flam(태우다)

inflammation
[ìnfləméiʃən]
명 연소

---

46 어원 **flu** : 흐르다

confluent
[kánfluənt]
형 합류하다
*con(함께)+flu(흐르다)

flow
[flóu]
동 흐르다

월요일 | Monday

fluctuate
[flʌ́ktʃuèit]
동 변동하다

fluent
[flúːənt]
형 유창한

fluid
[flúːid]
형 유동성의

flush
[flʌ́ʃ]
동 (물·액체를) 왈칵 흘리다

47 어원 fort : 강한

effort
[éfərt]
명 노력

fort
[fɔ́ːrt]
명 요새, 성채

forte
[fɔ́ːrt]
명 장점, 특기

fortify
[fɔ́ːrtəfài]

[동] 견고히 하다
*fort(강한)+fy(~하게 하다)

fortitude
[fɔ́ːrtətùːd]

[명] (곤란 · 역경 · 위험 등에) 꿋꿋함

48 어원 fuse : 녹이다, 붓다

confuse
[kənfjúːz]

[동] 혼동하다, 혼란시키다
*con(함께)+fuse(붓다)

diffuse
[difjúːz]

[동] 흐트러뜨리다
*dif(=dis 떨어져서)+fuse(붓다)

effuse
[ifjúːz]

[동] 방출하다
*ef(=ex 바깥)+fuse(붓다)

infuse
[infjúːz]

[동] 주입하다

49 어원 gen : 태생

월요일 | Monday

generate
[dʒénərèit]

동 낳다

generator
[dʒénərèitər]

명 발전기

genius
[dʒínjəs]

명 천재

genuine
[dʒénjuin]

형 순종의, 순수한

hydrogen
[háidrədʒən]

명 수소

ingenious
[indʒíːnjəs]

형 재간(재치)있는, 영리한
*in(안)+gen(태생)

50 어원 geo : 토지

geography
[dʒiágrəfi]

명 지리
*geo(토지)+graphy(쓴 것)

geology
[dʒiálədʒi]

명 지질학
*geo(토지)+logy(학문)

geometry
[dʒiámətri]

명 기하학
*geo(토지)+metr(재다)

51 어원 grad, gress : 걷다

aggress
[əgrés]

동 공격하다
*ag(=ad ~를 향하여)+gress(걷다)

degrade
[digréid]

동 품위를 떨어뜨리다
*de(아래)+grad(걷다)

digress
[daigrés]

동 옆길로 새다
*di(=dis 떨어져서)+gress(걷다)

gradual
[grǽdʒuəl]

형 단계적인, 서서히 하는

retrograde
[rétrəgrèid]

동 후퇴하다
*retro(뒤쪽으로)+grad(걷다)

월요일 | Monday

52 어원 gram : 쓴 것

cablegram
[kéiblgræm]

명 해외전보
*cable(해저 전선)+gram(쓴 것)

diagram
[dáiəgræm]

명 도형
*dia(가로질러)+gram(쓴 것)

epigram
[épəgræm]

명 경구, (짧고 날카로운) 풍자시
*epi(=upon 위에)+gram(쓴 것)

telegram
[téləgræm]

명 전보

53 어원 graph : 쓰는 것

autograph
[ɔ́ːtəgræf]

명 자필
*auto(자신이)+graph(쓰는 것)

biography
[baiágrəfi]

명 전기
*bio(생명)+graph(쓰는 것)

graphic
[ɡrǽfik]
- 형 도해의

stenography
[stənɑ́ɡrəfi]
- 명 속기
- *steno(좁은)+graph(쓰는 것)

telegraph
[téləɡræ̀f]
- 명 전신기

54 어원 **grav** : 무거운

aggravate
[ǽɡrəvèit]
- 동 (부담·죄 등을) 한결 무겁게 하다
- *ag(=ad ~로)+grav(무겁다)

grave
[ɡréiv]
- 형 중대한

gravitation
[ɡræ̀vətéiʃən]
- 명 중력작용

gravity
[ɡrǽvəti]
- 명 중대함

55 어원 hab, hib : 가지고 있는

exhibit
[igzíbit]
[동] 공표하다, 전시하다
*ex(바깥)+hib(가지고 있는)

habitual
[həbítʃuəl]
[형] 습관적인

inhibit
[inhíbit]
[동] 금지하다
*in(안)+hib(가지고 있는)

56 어원 hap : 운, 우연

happy-go-lucky
[hǽpigòulʌ́ki]
[형] 낙천적인

mishap
[míshæp]
[명] 재난
*mis(나쁜)+hap(우연)

57 어원 here, hes : 들러붙는

adhere
[ədhíər]

[동] 고집하다
*ad(~에)+here(들러붙다)

adherent
[ədhíərənt]

[형] 점착성의

adhesion
[ədhíːʒən]

[명] 부착, 점착(력)

cohere
[kouhíər]

[동] 밀착하다

coherent
[kouhíərənt]

[형] 응집성의

cohesion
[kouhíːʒən]

[명] 점착

inhere
[inhíər]

[동] (성질 등이) 타고나다
*in(안)+here(붙다)

58 어원 hor : 공포

abhor
[æbhɔ́ːr]
[동] 소름끼칠 정도로 싫어하다
*ab(떨어지다)+hor(공포)

abhorrence
[əbhɔ́ːrəns]
[명] 증오

abhorrent
[æbhɔ́ːrənt]
[형] 아주 질색인

horrid
[hɔ́(ː)rid]
[형] 무시무시한

horrify
[hɔ́(ː)rəfài]
[동] 소름끼치게 하다
*hor(공포)+fy(시키다)

59 어원 hum, hom : 인간

homage
[hámidʒ]
[명] 경의

homicide
[háməsàid]
[명] 살인
*hom(인간)+cide(죽음)

humanity [hjuːmǽnəti]	명 인간성
humble [hʌ́mbl]	형 비천한(← 낮은)
humiliate [hjuːmílièit]	동 자존심을 상하게 하다
humility [hjuːmíləti]	명 겸손
inhuman [inhjúːmən]	형 비인간적인 *in(부정)+human(인간의)
posthumous [pástʃəməs]	형 사후의

60 어원 infer : 아래의

inferior [infíəriər]	형 열등한 *infer(아래의)+ior(비교급)

월요일 | Monday

infernal
[infə́:rnl]

형 지옥의

inferno
[infə́:rnou]

명 지옥

61 어원 insul : 섬

insular
[ínsələr]

형 섬의, 섬나라 근성의

insulate
[ínsəlèit]

동 고립시키다

insulation
[ìnsəléiʃən]

명 절연체, 격리

peninsula
[pənínsələ]

명 반도
*pen(거의)+insul(섬)

62 어원 it : 가다

ambit
[ǽmbit]

[명] (행동) 범위
*amb(=around 주위로)+it(가다)

initiate
[iníʃièit]

[동] 입문(입회)시키다
[명] 초심자
*in(안)+it(가다)

transit
[trǽnsit]

[명] 횡단, 환승
*trans(횡단하여)+it(가다)

63 어원 jet, ject : 던지다, 분출하다

abject
[ǽbdʒekt]

[형] 비참한
*ab(=away 떨어지다)+ject(던지다)

conjecture
[kəndʒéktʃər]

[동] 추측하다
*con(함께)+ject(던지다)

deject
[didʒékt]

[동] 낙담시키다
*de(아래로)+ject(던지다)

eject
[idʒékt]

[동] 방출하다
*e(=ex 바깥)+ject(던지다)

월요일 | Monday

inject
[indʒékt]
동 주입하다
*in(안)+ject(던지다)

injection
[indʒékʃən]
명 주사

jet
[dʒét]
명 (가스·액체의) 분출

jettison
[dʒétisn]
명 투하(행위), 폐기(물)

objection
[əbdʒékʃən]
명 반대, 이론

project
[prádʒekt]
명 계획, 설계
동 계획하다, 설계하다

projection
[prədʒékʃən]
명 계획, 고안

reject
[ridʒékt]
동 거절하다

rejection
[ridʒékʃən]

명 배제

subjection
[səbdʒékʃən]

명 정복, 복종

64 어원 join, june : 결합

conjunction
[kəndʒʌ́ŋkʃən]

명 연결
*con(함께)+junction(접합)

joint
[dʒɔ́int]

명 이음매

rejoin
[ridʒɔ́in]

동 복귀하다

65 어원 ju, jur, jus : 법, 정의

injustice
[indʒʌ́stis]

명 불공평

월요일 | Monday

judge
[dʒʌdʒ]

명 재판관, 심판
*ju(정의)+dge(=dict 말하다)

jurisdiction
[dʒùərisdíkʃən]

명 재판권
*jur(법)+diction(말하는 것)

justice
[dʒʌ́stis]

명 정의

justify
[dʒʌ́stəfài]

동 정당화하다
*jus(정의)+fy(~화하다)

prejudice
[prédʒudis]

명 선입관
*pre(미리)+ju(법)

unjust
[ʌndʒʌ́st]

형 부당한
*un(부정)+jus(정의)

66 어원 kin : 친족

akin
[əkín]

명 동류의
*a(~의)+kin(친족)

59

kindred
[kíndrid]

명 집안, 친척
*kin(친족)+red(상태)

67 어원 labor : 피로하다, 일하다

collaborate
[kəlǽbərèit]

동 협력하다
*col(함께)+labor(일하다)

elaborate
[ilǽbərət]

형 공들인, 복잡한
*e(=ex 바깥)+labor(일하다)

laborious
[ləbɔ́ːriəs]

형 힘든, 어려운

68 어원 lav, lau : 씻다

launder
[lɔ́ːndər]

동 세탁하다

lava
[láːvə]

명 용암

월요일 | Monday

lavatory
[lǽvətɔ̀ːri]

명 세면장, 화장실
*lav(씻다)+(o)ry(~을 하는 곳)

lave
[léiv]

동 (물이 기슭을) 씻다, (물에) 담그다

lavish
[lǽviʃ]

동 낭비하다

69 어원 luge, lut : 더럽히다

deluge
[délu:dʒ]

명 홍수
*de(=des =away 떨어져서)+luge(더럽히다)

pollute
[pəlúːt]

동 오염되다
*pol(=pro 앞)+lut(더럽히다)

70 어원 lect, leg : 모으다, 선택하다, 읽다

elect
[ilékt]

동 선거하다
*e(=ex 바깥)+lect(선택하다)

legend
[lédʒənd]

명 전설

legible
[lédʒəbl]

형 읽기 쉬운
*leg(읽다)+ible(~하기 쉽다)

neglect
[niglékt]

명 무시
*neg(부정)+lect(뽑다)

neglectful
[nigléktfəl]

형 부주의한

select
[səlékt]

동 선택하다

71 어원 litera : 문자

illiterate
[ilítərət]

형 무학의
*il(부정)+literate(읽기 쓰기를 할 수 있는)

literal
[lítərəl]

형 문자대로의

월요일 | Monday

literate
[lítərət]
혱 읽고 쓸 수 있는

literature
[lítərətʃər]
명 문학

obliterate
[əblítərèit]
동 (문자 등을) 지우다, 말소하다
*ob(제외하다)+literate(읽기 쓰기를 할 수 있는)

72 어원 lev, lief, lieve : 올리다

elevate
[éləvèit]
동 높이다

levity
[lévəti]
명 경솔

levy
[lévi]
동 (세금 등을) 부과하다, 징수하다

relief
[rilí:f]
명 구조

relieve
[rilíːv]
[동] 경감하다
*re(다시)+lieve(올리다)

73 어원 loc : 장소

allocate
[ǽləkèit]
[동] 할당하다
*al(=ad ~로)+locate(장소를 정하다)

collocate
[kɑ́ləkèit]
[동] 배열하다
*col(=com 같이)+locate(장소를 정하다)

collocation
[kɑ̀ləkéiʃən]
[명] 배열

local
[lóukəl]
[형] 지방의

locomotion
[lòukəmóuʃən]
[명] 이동

locomotive
[lòukəmóutiv]
[명] 기관차

월요일 | Monday

74 어원 log, loqu, locu : 말

analogy
[ənǽlədʒi]

명 유추

colloquial
[kəlóukwiəl]

형 구어체의
*col(함께)+loqu(말)

elocution
[èləkjúːʃən]

명 연설법
*e(=ex 바깥)+locution(말하는 법)

elocutionist
[èləkjúːʃənist]

명 웅변가

eloquent
[éləkwənt]

형 웅변의, 능변인

locution
[loukjúːʃən]

명 말투, 말씨

logic
[ládʒik]

명 논리(학)

soliloquy
[səlíləkwi]

명 독자
*soli(혼자의)+loqu(말)

75 어원 long, leng : 긴

longitude
[lándʒət(j)ùːd]

명 경도
cf. latitude 위도

long-range
[lɔ́(ː)ŋréindʒ]

형 장기간에 걸친

oblong
[áblɔ(ː)ŋ]

명 장방형
*ob(=across 가로지르는)+long(긴)

prolong
[prəlɔ́(ː)ŋ]

동 연장하다
*pro(앞)+long(긴)

75 어원 lud, lus : 놀다, 연기하다

allude
[əlúːd]

동 암시하다, 시사하다
*al(=ad ~으로)+lud(연기하다)

delude
[dilú:d]
[동] 속이다, 현혹하다
*de(강조의 뜻)+lud(연기하다)

elusion
[ilú:ʒən]
[명] 도피

illusion
[ilú:ʒən]
[명] 환각
*il(=in 뒤)+lus(장난치다)

interlude
[íntərlù:d]
[명] 간주(곡)
*inter(사이)+lud(연기하다)

ludicrous
[lú:dikrəs]
[형] 웃기는, 익살부리는

postlude
[póustlù:d]
[명] 후주(곡)
*post(뒤)+lud(연기하다)

prelude
[prélju:d]
[명] 전주(곡)
*pre(앞)+lud(연기하다)

77 어원 lumin : 빛

illuminate
[ilú:mənèit]

동 조명하다

luminary
[lú:mənèri]

명 발광체

luminescence
[lù:mənésns]

명 형광

luminous
[lú:minəs]

형 밝은

---

78 어원 lust, luc : 빛

---

elucidate
[ilú:sidèit]

동 밝게 하다
*e(=ex 바깥)+luc(빛)

illustrious
[ilʌ́striəs]

형 저명한

lucid
[lú:sid]

형 밝은

월요일 | Monday

luster
[lʌ́stər]

명 광택

---

79 어원 magn, max : 크다

---

magnanimous
[mægnǽnəməs]

형 관대한
*magn(큰)+anim(숨)

magnificent
[mægnífəsnt]

형 장대한

magnify
[mǽgnifài]

동 확대하다
*magni(큰)+fy(~하게 하다)

maxim
[mǽksim]

명 격언

maximum
[mǽksəməm]

형 최대한

---

80 어원 mania : 열광

69

bibliomania
[bìbliəméiniə]

명 서적 수집벽
*biblio(책)+mania(열광)

kleptomania
[klèptəméiniə]

명 절도벽

megalomania
[mègəlouméiniə]

명 과대망상증
*mega(큰)+mania(열광)

monomania
[mànəméiniə]

명 편집광
*mono(단일)+mania(열광)

81 어원 main, man : 손

emancipate
[imǽnsəpèit]

동 해방하다

emancipation
[imæ̀nsəpéiʃən]

명 해방

maintain
[meintéin]

동 유지하다

월요일 | Monday

maintenance
[méintənəns]

명 유지, 생계

manifest
[mǽnəfèst]

형 명료한
*man(손)+fest(=fend 치다)

manifestation
[mæ̀nəfestéiʃən]

명 표명

manipulate
[mənípjəlèit]

동 교묘하게 다루다, 조종하다

manufactory
[mæ̀njəfǽktəri]

명 제조소, 공장
*man(손)+factory(공방)

manufacture
[mæ̀njəfǽktʃər]

명 제조
*man(손)+fact(만들다)

manuscript
[mǽnjəskrìpt]

명 원고

---

82 어원 **mar** : 바다

marine
[məríːn]
형 바다의

mariner
[mǽrənər]
명 선원

maritime
[mǽritàim]
형 연안의
*mar(바다)+time(가까이의)

submarine
[sʌ́blmərìːn]
명 잠수함
*sub(아래)+mar(바다)

83 어원 meas, mens : 재다

dimension
[dimén∫ən]
명 (길이·넓이·두께의) 치수

immense
[iméns]
형 광대한
*im(부정)+mens(재다)

measurable
[méʒərəbl]
형 측정할 수 있는

월요일 | Monday

measurement
[méʒərmənt]
명 측정

84 어원 medi, mid, mean : 중간, 사이

amid
[əmíd]
형 도중의
*a(=on ~으로 향하여)+mid(중간)

immediately
[imíːdiətli]
부 바로

meantime
[míːntàim]
명 짬

meanwhile
[míːnhwàil]
부 그동안에, 그럭저럭하는 동안에

median
[míːdiən]
형 중앙의

mediate
[동 míːdièit 형 -diət]
동 중재하다
형 중간의, 간접의

73

medieval
[mìːdiíːvəl]
혱 중세의
*medi(중간)+aeval(시대의)

mediocre
[mìːdióukər]
혱 보통의, 평범한

mediocrity
[mìːdiákrəti]
명 평범, 보통

Mediterranean
[mèditəréiniən]
명 지중해

medium
[míːdiəm]
명 매개물

midday
[míddèi]
명 정오, 대낮, 한낮

midst
[mídst]
명 중앙, 한복판

midsummer
[mídsÀmər]
명 한여름

월요일 | Monday

midway
[mídwèi]
- 형 중도의
- 부 중간쯤에

85 어원 memor, mem : 기억

commemorate
[kəmémərèit]
- 동 기념하다
- *com(강조의 뜻)+memor(기억)

memoir
[mémwɑːr]
- 명 회상록

memorandum
[mèmərǽndəm]
- 명 비망록, 메모, 각서

memorial
[memɔ́ːriəl]
- 형 기념의

86 어원 ment : 정신

comment
[kάment]
- 동 주해하다, 비평하다
- 명 주해, 비평
- *com(한데로 모아서)+ment(정신)

mental
[méntl]
혱 정신의, 지능의

mention
[ménʃən]
동 언급하다

87 어원 merg : 물에 담그다

emerge
[imə́ːrdʒ]
동 출현하다

emergency
[imə́ːrdʒənsi]
명 비상시

merge
[mə́ːrdʒ]
동 녹아들게 하다, 합병하다

merger
[mə́ːrdʒər]
명 흡수합병(하는 쪽의 회사), 합동

submerge
[səbmə́ːrdʒ]
동 수몰시키다
*sub(아래)+merg(물에 담그다)

월요일 | Monday

88 어원 mert, metre, meter : 재다

barometer
[bərámətər]

명 기압계

diameter
[daiǽmətər]

명 직경
*dia(=cross 가로지르다)+meter(재다)

geometry
[dʒiámətri]

명 기하학
*geo(토지)+metr(재다)

symmetric
[simétrik]

형 대칭적인

symmetry
[símətri]

명 대칭, 균형
*sym(=syn 같은)+metr(재다)

89 어원 micro : 작은

micron
[máikrɑn]

명 미크론(100만분의 1m)

microscope [máikrəskòup]	명 현미경 *micro(작은)+scope(시계(視界))
microwave [máikrəwèiv]	명 극초단파 *micro(작은)+wave(파동)

90 어원 migr : 이주하다

emigrant [émigrənt]	명 (다른 나라로) 이민
immigrant [ímigrənt]	명 (입국) 이주자
immigrate [ímigrèit]	동 (다른 나라에서) 이주하다 *im(안)+migr(이주하다)
migrate [máigreit]	동 이주하다
migratory [máigrətɔ̀:ri]	형 이주성의

화요일
Tuesday

어원으로 기억하는 중요 기본영단어 (2)
450

01 어원 min : 미소한, 작은

diminish
[dimíniʃ]
동 감소시키다
*di(=dis 분리)+min(미소한)

mince
[míns]
동 잘게 썰다

minister
[mínəstər]
명 장관, 목사
*min(미소한)+er(사람)

minor
[máinər]
형 작은 편의, 소수의
명 미성년자

minute
[màin(j)úːt]
형 미세한, 상세한

02 어원 mar, mir : 경탄하다

admiration
[ædməréiʃən]
명 감탄, 칭찬(의 대상)

화요일 | Tuesday

marvel
[máːrvəl]
명 놀라운 것, 경이

miracle
[mírəkl]
명 기적

miraculous
[mirǽkjələs]
형 기적적인

mirage
[mirάːʒ]
명 망상, 신기루, 아지랑이

03 어원 miss, mit : 보내다

dismiss
[dismís]
동 해산하다, 해고하다, 제거하다
*dis(분리)+miss(보내다)

dismissal
[dismísəl]
명 해산, 면직

emit
[imít]
동 (빛·열·향 등을) 발하다
*e(=ex 바깥)+mit(보내다)

mission
[míʃən]

명 사명

transmission
[trænsmíʃən]

명 전달

transmit
[trænsmít]

동 전달하다
*trans(=across 가로지르다)+mit(보내다)

04 어원 mod : 모양, 틀, 눈금

mode
[móud]

명 양식

moderate
[mádərət]

형 알맞은

modest
[mádist]

형 겸손한, 신중한

modesty
[mádisti]

명 겸손

화요일 | Tuesday

modify
[mάdəfài]

동 가감하다
*mod(눈금)+fy(~하게 하다)

modulate
[mάdʒəlèit]

동 조정하다

05 어원 mont, mount : 산

amount
[əmáunt]

명 합계 금액, 양
*a(~으로)+mount(산)

dismount
[dismáunt]

동 (자전거 등에서) 내리다
*dis(이탈)+mount(산)

paramount
[pǽrəmàunt]

형 최고의
*par(=at ~에)+amount(정상)

promontory
[prάməntɔ̀:ri]

명 갑(岬), 곶
*pro(앞)+mont(산)

surmount
[sərmáunt]

동 (산·언덕 등을) 오르다
*sur(=above 위)+mount(산)

06 어원 mor, mort : 죽음

immortal
[imɔ́ːrtl]
형 불멸의

immortality
[imɔːrtǽləti]
명 불멸(성)

morbid
[mɔ́ːrbid]
형 병적인

mortal
[mɔ́ːrtl]
명 죽어야 할 운명인 사람, 인간

mortality
[mɔːrtǽləti]
명 사망률

mortally
[mɔ́ːrtəli]
부 치명적으로

mortgage
[mɔ́ːrɡidʒ]
명 담보

화요일 | Tuesday

mortification
[mɔ̀ːrtəfikéiʃən]

명 고행, 굴욕

mortify
[mɔ́ːrtəfài]

동 금욕하다
*mort(죽음)+fy(~하다)

mortuary
[mɔ́ːrtʃuèri]

형 매장의

---

07 어원 **nom, onym** : 이름

anonymous
[ənánəməs]

형 익명의
*an(없다)+onym(이름)

nominal
[námənl]

형 명목뿐인

nominate
[námənèit]

동 임명하다

---

08 어원 **nounce, nunci** : 알리다

announce
[ənáuns]

동 알리다

denounce
[dináuns]

동 고발하다
*de(강조의 뜻)+nounce(알리다)

enunciation
[inʌ̀nsiéiʃən]

명 발표, 선언

renounce
[rináuns]

동 포기하다, 단념하다
*re(뒤)+nounce(알리다)

09 어원 nov : 새로운

innovate
[ínəvèit]

동 쇄신하다

innovation
[ìnəvéiʃən]

명 쇄신

novelty
[návəlti]

명 신기함, 신기로움

화요일 | Tuesday

novice
[návəs]

명 초심자

renovate
[rénəvèit]

동 갱신하다
*re(다시)+nov(새로운)

10 어원 parat : 준비하다

apparatus
[æpərǽtəs]

명 기구
*ap(=ad ~에)+parat(준비하다)

preparatory
[pripǽrətɔ̀:ri]

형 예비의

reparation
[rèpəréiʃən]

명 배상금

reparative
[ripǽrətiv]

형 수선의

11 어원 parl : 말을 하다

parley
[pá:rli]
명 교섭

parliament
[pá:rləmənt]
명 의회

parlor
[pá:rlər]
명 담화실
*parl(말을 하다)+or(장소)

---

12 어원 past : 기르다

pastoral
[pǽstərəl]
형 전원생활의, 양치기의
*past(기르다)+al(~의)

pasturage
[pǽstʃəridʒ]
명 목초, 방목

pasture
[pǽstʃər]
명 목장

---

13 어원 ped : 발

화요일 | Tuesday

impede
[impíːd]

동 방해하다, 늦추다
*im(=in 안)+ped(발)

peddle
[pédl]

동 행상하다, 소매하다

peddler
[pédlər]

명 행상인, 도부장수

pedestrian
[pədéstriən]

형 도보의

14 어원 pel, puls : 누르다

compel
[kəmpél]

동 강제하다
*com(강조의 뜻)+pel(누르다)

compulsory
[kəmpʌ́lsəri]

형 강제적인

dispel
[dispél]

동 쫓아버리다
*dis(=away 떨어지다)+pel(누르다)

expel
[ikspél]

[동] 내쫓다

propel
[prəpél]

[동] 추진하다
*pro(앞)+pel(누르다)

pulse
[pʌ́ls]

[명] 맥박

repel
[ripél]

[동] (공격자 · 적 등을) 물리치다
*re(뒤)+pel(누르다)

repulse
[ripʌ́ls]

[동] 격퇴하다
*re(뒤)+plus(누르다)

15 어원 pend : 걸리다, 매달리다

expenditure
[ikspénditʃər]

[명] 소비

impend
[impénd]

[동] (사건 · 위험 등이) 임박하다, 절박하다
*im(안)+pend(걸리다)

화요일 | Tuesday

impending
[impéndiŋ]

형 임박한, 절박한

pending
[péndiŋ]

형 현안의

suspend
[səspénd]

동 매달다, 걸다

16 어원 pute : 생각하다

dispute
[dispjúːt]

명 논의
*dis(떨어져서)+pute(생각하다)

impute
[impjúːt]

동 ~탓으로 하다

reputable
[répjətəbl]

형 평판이 좋은

repute
[ripjúːt]

동 평판하다, 여기다
*re(다시)+pute(생각하다)

17 어원 quir, quest : 구하다, 찾다

acquire
[əkwáiər]
동 얻다

conquest
[kánkwest]
명 정복

inquest
[ínkwest]
명 심리

inquire
[inkwáiər]
동 묻다

inquisition
[ìnkwəzíʃən]
명 (배심·공적 기관의) 심리, 조사, 취조
*in(안)+quisit(=quest 요구하다)

require
[rikwáiər]
동 요구하다

requisition
[rèkwəzíʃən]
명 요구, 청구

18 어원 rap, rav : 잡아채다

rapacious
[rəpéiʃəs]
[형] (완력으로) 잡아채는, 강탈하는

rape
[réip]
[명] 강간

rapt
[rǽpt]
[형] 마음(넋)을 빼앗긴

rapture
[rǽptʃər]
[명] 큰 기쁨, 황홀(경)

ravage
[rǽvidʒ]
[동] 유린하다, 파괴하다

ravish
[rǽviʃ]
[동] 강탈하다

19 어원 reg : 통치하다

regime
[rəʒíːm]

명 제도

regiment
[rédʒəmənt]

명 연대

region
[ríːdʒən]

명 지방, 영역

reign
[réin]

명 통치

---

20 어원 riv : 흐름

derivative
[dirívətiv]

명 파생어

derive
[diráiv]

동 추론하다
*de(~로부터)+riv(흐름)

rivulet
[rívjulit]

명 작은 시내, 개울
*riv(흐름)+let(작은)

21 어원 rupt : 부수다, 부서지다

abrupt [əbrʌ́pt]
[형] 돌연의
*ab(=away 떨어지다)+rupt(부수다)

bankrupt [bǽŋkrʌpt]
[명] 파산자

corruption [kərʌ́pʃən]
[명] 부패

disrupt [disrʌ́pt]
[동] 붕괴시키다, 파열시키다
*dis(분리)+rupt(부수다)

erupt [irʌ́pt]
[동] 분출하다
*e(=ex 바깥)+rupt(부수다)

interrupt [ìntərʌ́pt]
[동] 중단하다
*inter(사이)+rupt(부수다)

rupture [rʌ́ptʃər]
[명] 파열

22 어원 **sal, san** : 건전한

insane
[inséin]
형 광기의
*in(부정)+san(건전한)

salutary
[sǽljətèri]
형 건전한

salute
[səlúːt]
명 인사

sanatorium
[sæ̀nətɔ́ːriəm]
명 요양소

sane
[séin]
형 제정신의

sanitary
[sǽnətèri]
형 위생적인

23 어원 **sal, sult** : 뛰다

화요일 | Tuesday

assail
[əséil]

동 습격하다
*as(=ad ~으로)+sail(=sal 뛰다)

insult
[insʌ́lt]

동 모욕하다
*in(안)+sult(뛰다)

24 어원 **sat** : 채우다

insatiability
[insèiʃəbíləti]

명 탐욕스러움

sate
[séit]

동 만족시키다

satiate
[séiʃièit]

동 충분히 만족하다
형 충분히 만족한, 물린

saturate
[sǽtʃərèit]

동 채우다, 가득 채우다

25 어원 **sist** : 서다

desist
[dizíst]

동 그만두다, 단념하다
*de(떨어져서)+sist(서다)

exist
[igzíst]

동 존재하다

persistent
[pərsístənt]

동 고집하다

subsist
[səbsíst]

동 생존하다
*sub(=under 아래에)+sist(서다)

subsistence
[səbsístəns]

명 생계

26 어원 solid : 딱딱한

consolidate
[kənsálidèit]

동 굳건해지다
*con(강조의 뜻)+solid(견고하다)

consolidation
[kənsàlidéiʃən]

명 통합

화요일 | Tuesday

solid
[sálid]

몡 고체

solidify
[səlídəfài]

통 응고시키다

27 어원 solve, solut : 풀다

absolution
[æ̀bsəlúːʃən]

몡 면제

absolve
[əbzálv]

통 방면하다

dissolute
[dísəlùːt]

휑 방종한, 타락한

resolve
[rizálv]

통 결정하다

solvent
[sálvənt]

휑 지불할 능력이 있는
몡 해결책

28 어원 sol : 단 하나

desolate
[désələt]
[형] 고독한, 황량한
*de(강조의 뜻)+sol(오직 하나)

desolation
[dèsəléiʃən]
[명] 황폐

sole
[sóul]
[형] 단 하나의

solitary
[sɑ́lətèri]
[형] 외로운, 고독한

solitude
[sɑ́lət(j)ù:d]
[명] 고독

29 어원 son : 소리

consonant
[kɑ́nsənənt]
[형] 합치하는
*con(함께)+son(소리)

화요일 | Tuesday

dissonant
[dísənənt]

혱 불협화음의
*dis(떨어져서)+son(소리)

sonorous
[sənɔ́rəs]

혱 울려퍼지는

unison
[júːnəsn]

몡 동음, 동의
*uni(하나)+son(소리)

30 어원 spec, spect, spic : 관찰하다

auspice
[ɔ́ːspis]

몡 전조, 길조
*au(새)+spic(관찰하다)

conspicuous
[kənspíkjuəs]

혱 두드러진, 눈에 잘 띄는
*con(강조의 뜻)+spic(관찰하다)

inspect
[inspékt]

동 시찰하다, 점검하다
*in(안)+spect(관찰하다)

inspector
[inspéktər]

몡 검사, 시찰관

perspective
[pərspéktiv]
- 형 원근법의
- 명 원근법

prospect
[práspekt]
- 명 예상, 기대

prospective
[prɑspéktiv]
- 형 전망있는

specimen
[spésəmən]
- 명 견본

specious
[spíːʃəs]
- 형 외양만 좋은, 눈가림한

spectacle
[spéktəkl]
- 명 광경, (~s) 안경

spectator
[spékteitər]
- 명 구경꾼

31 어원 **sphere** : 구(球)

화요일 | Tuesday

hemisphere
[hémisfiər]

명 반구
*hemi(반)+sphere(구)

sphere
[sfíər]

명 천체

stratosphere
[strǽtəsfiər]

명 성층권
*strato(층)+sphere(구)

32 어원 stick, sting, stinct : 찌르다

distinct
[distíŋkt]

형 명백한

distinguish
[distíŋgwiʃ]

동 구별하다
*di(=dis 분리)+sting(찌르다)

extinct
[ikstíŋkt]

형 소멸한

instinct
[ínstiŋkt]

명 본능
*in(안)+stinct(찌르다)

stigma
[stígmə]

명 오명, 치욕, 오점
*stig(=sting 찌르다)

stigmatize
[stígmətàiz]

동 비난하다
*stig(=sting 찌르다)+ize(~하게 하다)

33 어원 sum, sumpt : 잡다, 취하다

assume
[əs(j)úːm]

동 (역할·임무 등을) 맡다, (책임 등을) 지다

assumption
[əsʌ́mpʃən]

명 횡령
*as(=ad ~에)+sumpt(취하다)

consume
[kəns(j)úːm]

동 소비하다

consumption
[kənsʌ́mpʃən]

명 소모

presumption
[prizʌ́mpʃən]

명 추정

화요일 | Tuesday

sumptuous
[sʌ́mptʃuəs]
형 값비싼, 고가의
*sumpt(취하다)+ous(~으로 가득찬)

34 어원 sure : 확실한

assure
[əʃúər]
동 보증하다

ensure
[enʃúər]
동 보증하다
*en(~하게 하다)+sure(확실한)

insurant
[inʃúərənt]
명 피보험자

insure
[inʃúər]
동 보험을 들다

insurer
[inʃúərər]
명 보험업자

surety
[ʃúərəti]
명 보증

35 어원 tact, tach : 접촉하다

attach
[ətǽtʃ]
[동] 부착시키다

contagion
[kəntéidʒən]
[명] 전염병
*contag(≒contact 접촉)+ion(큰 것)

detach
[ditǽtʃ]
[동] 떼다, 분리하다
*de(분리)+tach(접촉하다)

36 어원 temper : 혼합, 가감

distemper
[distémpər]
[명] 심신의 부조화
*dis(부정)+temper(가감)

intemperate
[intémpərət]
[형] 절제하지 않는, 과도한
*in(부정)+temperate(온화한)

temperate
[témpərət]
[형] 온화한
*temper(혼합)+ate(형용사 어미)

화요일 | Tuesday

37 어원 ten, tain, tin : 유지하다

abstain
[æbstéin]

동 삼가다, 절제하다, 끊다

contain
[kəntéin]

동 포함하다

content
[kántent]

동 만족시키다
명 (~s) 내용

detain
[ditéin]

동 억류하다
*de(분리)+tain(유지하다)

distinct
[distíŋkt]

형 별개의

distinction
[distíŋkʃən]

명 차이, 개성

extend
[iksténd]

동 넓히다

intention
[inténʃən]

명 의도, 의지

---

obtain
[əbtéin]

동 얻다

---

retain
[ritéin]

동 보류하다
*re(뒤)+tain(유지하다)

---

tenet
[ténit]

명 신조

---

tension
[ténʃən]

명 긴장, 노력

---

tenure
[ténjər]

명 보유(권)

---

38 어원 ter, terr : 토지

subterranean
[sʌ̀btəréiniən]

형 지하의, 잠행하는
*sub(아래)+terr(토지)

화요일 | Tuesday

terrestrial
[təréstriəl]
형 지상의

territory
[térətɔ̀:ri]
명 영지

39 어원 tom, tomy : 자르다

anatomy
[ənǽtəmi]
명 해부
*ana(완전히)+tomy(자르다)

atom
[ǽtəm]
명 원자
*a(부정)+tom(자르다)

epitome
[ipítəmi]
명 발췌, 개략
*epi(바깥)+tom(자르다)

40 어원 tort : 비틀다

contort
[kəntɔ́:rt]
동 구부리다

distort
[distɔ́ːrt]

[동] 비틀다, 뒤틀다
*dis(분리)+tort(비틀다)

extort
[ikstɔ́ːrt]

[동] 강요하다
*ex(바깥)+tort(비틀다)

retort
[ritɔ́ːrt]

[동] 반박하다
*re(다시)+tort(비틀다)

torture
[tɔ́ːrtʃər]

[동] 일그러뜨리다, 괴롭히다

41 어원 tour : 돌다

contour
[kántuər]

[명] 윤곽
*con(강조의 뜻)+tour(돌다)
cf. contour line=지도의 등고선

detour
[díːtuər]

[동] 돌아서 가다
*de(떨어져서)+tour(돌다)

42 어원 trud, trus : 찌르다, 밀다

abstruse
[æbstrúːs]
[형] 난해한
*abs(=away 떨어지다)+trus(밀다)

extrude
[ikstrúːd]
[동] 밀어내다
*ex(바깥)+trud(밀다)

intrude
[intrúːd]
[동] 침입하다

obtrude
[əbtrúːd]
[동] 강요하다
*ob(=against ~을 향해)+trud(밀다)

protrude
[proutrúːd]
[동] 내밀다, 내뻗다
*pro(앞)+trud(밀다)

43 어원 turb : 휘젓다

disturb
[distə́ːrb]
[동] 어지럽히다

perturb
[pərtə́ːrb]
[동] 불안하게 하다
*per(완전히)+turb(휘젓다)

turbid
[tə́ːrbid]

형 (마음이) 혼란스러운
*turb(휘젓다)+id(~의)

turbulent
[tə́ːrbjulənt]

형 휘몰아치는, 폭풍우의

44 어원 unda, ound : 물결

abound
[əbáund]

동 많이 있다
*ab(=from 떨어져서)+ound(물결)

abundant
[əbʌ́ndənt]

형 풍부한
*ab(=from 떨어져서)+unda(물결)

inundant
[inʌ́ndənt]

형 넘쳐흐르는

inundate
[ínʌndèit]

동 물에 잠기게 하다

redundant
[ridʌ́ndənt]

형 여분의
*red(=again ~을 향하다)+unda(물결)

화요일 | Tuesday

undulate
[ʌ́ndʒəlèit]

동 물결치다, 파동치다

45 어원 us, ute, uti : 사용, 이용

abuse
[əbjúːz]

명 남용
*ab(떨어져서)+us(사용)

disuse
[disjúːs]

명 폐지
*dis(부정)+us(사용)

peruse
[pərúːz]

동 숙독하다
*per(완전히)+us(사용)

usurer
[júːʒərər]

명 고리대금업자

utensil
[ju(ː)ténsəl]

명 가정용품

46 어원 vac, van, void : 공백의

evacuate
[ivǽkjuèit]

동 (장소·집 등을) 비우다
*e(=ex 바깥)+vac(공백의)

vacant
[véikənt]

형 빈, 공허한

vacate
[véikeit]

동 사퇴하다

---

47 어원 **vade : 가다**

---

evade
[ivéid]

동 피하다

invade
[invéid]

동 침략하다, 쳐들어가다

pervade
[pərvéid]

동 보급하다
*per(뚜렷하게)+vade(가다)

---

48 어원 **vaga : 헤매다**

화요일 | Tuesday

extravagance
[ikstrǽvəgəns]

명 사치(품), 낭비

extravagant
[ikstrǽvəgənt]

형 소비하는, 낭비성의
*extra(범위외)+vag(헤매다)+ant(~하는 사람)

vagabond
[vǽgəbànd]

명 방랑자
*vaga(헤매다)+bond(=~ing)

49 어원 val, vail : 가치가 있는, 힘센

countervail
[kàuntərvéil]

동 상쇄하다
*counter(반대의)+vail(가치가 있는)

invalid
[ínvəli(:)d]

형 병약한, 가치가 없는
*in(부정)+val(가치가 있는)

prevail
[privéil]

동 우세하다
*pre(앞)+val(가치가 있는)

valiant
[vǽljənt]

형 용감한
*val(힘센)+ant(형용사화 어미)

valid
[vǽlid]

형 유효한

50 어원 ven, vent : 오다

convenience
[kənvíːniəns]

명 편리
*con(모으다)+ven(오다)

convention
[kənvénʃən]

명 회의, 습관
*con(함께)+vent(오다)

revenue
[révən(j)ùː]

명 세입
*re(뒤)+ven(오다)

souvenir
[sùːvəníər]

명 기념품
*sou(=sub 아래)+ven(오다)

51 어원 vert, vers : 방향을 바꾸다

adverse
[ædvə́ːrs]

형 반대의

avert
[əvə́:rt]

동 피하다
*a(=ab ~로부터)+vert(방향을 바꾸다)

pervert
[pərvə́:rt]

동 타락시키다
*per(완전히)+vert(방향을 바꾸다)

vertex
[və́:rteks]

명 정점

vertical
[və́:rtikəl]

형 수직의

---

52 어원 ver : 진실의

veracity
[vəræsəti]

명 진실, 성실

verify
[vérəfài]

동 입증하다

veritable
[véritəbl]

형 진실의

53 어원 via, voy : 길

convoy
[kάnvɔi]
[동] 호송하다
*con(함께)+voy(길)

deviate
[díːvièit]
[동] 빗나가다, 벗어나다
*de(분리)+via(길)

via
[váiə]
[전] ~을 경유하여

54 어원 vic, vince : 정복하다

convict
[kənvíkt]
[명] 죄인

conviction
[kənvíkʃən]
[명] 신념

convince
[kənvíns]
[동] 납득시키다
*con(강조의 뜻)+vince(정복하다)

화요일 | Tuesday

invincible
[invínsəbl]

형 정복할 수 없는
*in(부정)+vinc(=vince 정복하다)

55 어원 vis, vid : 보다

evidence
[évidəns]

명 증거

evident
[évidənt]

형 명백한

improvise
[ímprəvàiz]

동 즉석에서 만들다
*im(방향)+pro(앞)+vis(보다)

invisible
[invízəbl]

형 보이지 않는

provident
[právidənt]

형 선견지명이 있는
*pro(앞)+vid(보다)

provision
[prəvíʒən]

명 (장래에 대한) 준비

revise
[riváiz]

[동] 개정하다
*re(다시)+vis(보다)

visual
[víʒuəl]

[형] 시각적인

56 어원 voc, vok : 소리, 소리치다

advocate
[ǽdvəkit]

[명] 주장자

convoke
[kənvóuk]

[동] 소집하다
*con(함께)+vok(소리)

equivocal
[ikwívəkəl]

[형] 애매한
*equi(=equal 같은)+vocal(소리의)

provoke
[prəvóuk]

[동] 화나게 하다
*pro(앞)+vok(소리)

revoke
[rivóuk]

[동] 취소하다
*re(뒤)+vok(소리)

57 어원 volv : 구르다, 돌다

devolve
[diválv]
[동] 이양하다
*de(아래)+volv(구르다)

evolve
[iválv]
[동] 전개시키다
*e(=ex 바깥)+volv(구르다)

involved
[inválvd]
[형] 복잡한, 뒤얽힌
*in(안)+volv(구르다)

revolve
[riválv]
[동] 회전하다

58 어원 vol : 의지

benevolent
[bənévələnt]
[형] 호의적인, 선의의
*bene(좋은)+vol(의지)

involuntary
[inváləntèri]
[형] 무의식중의, 본의 아닌

malevolent
[məlévələnt]

혱 악의있는, 심술궂은

volition
[voulíʃən]

명 의지, 의욕

voluntary
[váləntèri]

혱 자발적인

59 어원 vor : (왕성하게) 먹다

carnivore
[ká:rnəvɔ̀:r]

명 육식동물
*carn(고기)+vor(먹다)

devour
[diváuər]

동 게걸스레 먹다, 탐식하다
*de(강조의 뜻)+vour(=vor 먹다))

herbivore
[hə́:rbəvɔ̀:r]

명 초식동물
*herb(풀)+vor(먹다)

omnivorous
[ɑmnívərəs]

혱 아무거나 먹는, 잡식성의
*omni(전부)+vor(먹다)

화요일 | Tuesday

voracity
[vɔːrǽsəti]

명 대식, 폭식

60 어원 **ward** : 지키다

award
[əwɔ́ːrd]

명 상
동 수여하다
*a(바깥)+ward(지키다)

steward
[st(j)úərd]

명 집사

ward
[wɔ́ːrd]

명 감시

wardrobe
[wɔ́ːrdròub]

명 옷장
*ward(지키다)+robe(의류)

61 접두어 **a-(1)** : ~로, ~를 향해서, ~ 위에

abase
[əbéis]

동 (지위·품격 등을) 떨어뜨리다
*a(~을 향하여)+base(바닥)

123

ablaze
[əbléiz]

형 불타오르고 있는
*a(~의 위에)+blaze(불꽃)

amass
[əmǽs]

동 쌓다, (재산을) 축적하다
*a(~의 위에)+mass(덩어리)

ashore
[əʃɔ́ːr]

부 물가에

62 접두어 a-(2), an : ~이 없는, 부정의 뜻

anarchy
[ǽnərki]

명 무정부(상태)
*an(부정)+arch(지배)

anhydrous
[ænháidrəs]

형 무수(無水)의, 무수물의〈화학〉

apathy
[ǽpəθi]

명 무감각
*a(부정)+pathy(감정)

atheism
[éiθiìzm]

명 무신론
*a(부정)+the(신)+ism(주의)

atypical
[èitípikəl]
[형] 모양에 맞지 않는, 변칙적인

63 접두어 a-(3) : 강조의 의미

amaze
[əméiz]
[동] 몹시 놀라게 하다
* **a**(강조의 의미)+**maze**(당황하게 하다)

amuse
[əmjúːz]
[동] 위로하다, 재미있게 하다

arise
[əráiz]
[동] 발생하다
* **a**(강조의 의미)+**rise**(생기다)

arouse
[əráuz]
[동] 분기시키다, 자극하다
* **a**(강조의 의미)+**rouse**(일어나다)

64 접두어 ab- : ~에서, ~로부터 떨어진

abduct
[æbdʌ́kt]
[동] 유괴하다
* **ab**(~에서 떨어진)+**duct**((물을) 끌다)

abhor
[æbhɔ́ːr]

동 증오하다
*ab(~로부터)+hor(공포)

abject
[ǽbdʒekt]

형 비참한, 버려진
*ab(~로부터)+ject(던지다)

absolve
[əbzálv]

동 방면하다
*ab(~로부터 떨어진)+solve(풀다)

abuse
[əbjúːz]

명 남용

65 접두어 ad- : ~에, ~를 향해서

adapt
[ədǽpt]

동 적응시키다

adhere
[ədhíər]

동 고집하다
*ad(~을 향해)+here(들러붙다)

adjoin
[ədʒɔ́in]

동 인접하다
*ad(~을 향해)+join(합치다)

화요일 | Tuesday

adverse
[ædvə́:rs]

형 반대의, 불행한
*ad(~을 향해)+verse(되돌아가다)

annihilate
[ənáiəlèit]

동 전멸시키다
*an(=ad ~을 향해)+nihil(없음)

66 접두어 bene-, bon- : 좋은

benediction
[bènidíkʃən]

명 축복
*bene(좋은)+diction(말하는 것)

benefaction
[bènəfǽkʃən]

명 선행
*bene(좋은)+fact(행하다)

benefactor
[bénəfæktər]

명 은인

beneficial
[bènəfíʃəl]

형 유익한

benefit
[bénəfit]

명 이익

benevolence
[bənévələns]

[명] 자비심, 박애
*bene(좋은)+vol(의지)

boon
[búːn]

[형] 재미있는, 유쾌한

67 접두어 by- : 부차적인

by(e)-election
[báiilèkʃən]

[명] 보궐선서

bylaw
[báilɔ̀ː]

[명] 세칙
*by(부차적인)+law(법률)

byname
[báinèim]

[명] 별명, 성

byproduct
[báiprɑ̀dəkt]

[명] 부산물
*by(부차적인)+product(생산품)

by-talk
[báitɔ̀ːk]

[명] 여담
*by(부차적인)+talk(말)

화요일 | Tuesday

by-work
[báiwə:rk]

몡 부업

*by(부차적인)+work(일)

68 접두어 cata- : 전면적으로, 아래쪽으로

catalyst
[kǽtəlist]

몡 매체

catastrophe
[kətǽstrəfi]

몡 대참사, 큰 재앙

*cata(아래쪽으로)+strophe(회전)

category
[kǽtəgɔ̀:ri]

몡 범주

*cat(=cata 전면적으로)+egory(집단)

69 접두어 circum- : 주위에, 빙글빙글

circuit
[sə́:rkət]

몡 회로

*circu(원)+it(가다)

circumference
[sərkʌ́mfərəns]

몡 주위

*circum(주위에)+fer(운반하다)

129

circumscribe
[sə́:rkəmskrɑ̀ib]

[동] 선으로 주위를 둘러싸다
*circum(주위에)+scribe(쓰다)

circumstance
[sə́:rkəmstæ̀ns]

[명] 정황
*circum(주위에)+stance(서다)

70 접두어 CO- : 함께

co-education
[kòuedʒukéiʃən]

[명] 남녀공학

cognate
[kɑ́gneit]

[형] 같은 혈족의
*co(함께)+nat(태생)

cohabit
[kouhǽbit]

[동] 동거하다

cohere
[kouhíər]

[동] 밀착하다

coherence
[kouhí(:)ərəns]

[명] 일관성

화요일 | Tuesday

coincidence
[kouínsidəns]

명 동시발생

cooperate
[kouápəreit]

동 협력하다

---

71 접두어 **col-** : 함께

---

collaborate
[kəlǽbərèit]

동 협력하다
*col(함께)+labor(일하다)

collapse
[kəlǽps]

명 붕괴
*col(함께)+laps(미끄러지다)

collocate
[kάləkèit]

동 나란히 놓다, 배열하다
*col(함께)+locate(놓다)

colloquial
[kəlóukwiəl]

형 구어(체)의
*col(함께)+loqu(말)

colloquy
[kάləkwi]

명 대화
*col(함께)+loqui(말)

72 접두어 con-(1) : 함께

concord
[kánkɔːrd]
명 (의견 등의) 일치
*con(함께)+cord(마음)

concourse
[kánkɔːrs]
명 합류
*con(함께)+course(진로)

conspiracy
[kənspírəsi]
명 공모

constellation
[kànstəléiʃən]
명 성좌
*con(함께)+stella(별)

73 접두어 con-(2) : 강조의 의미

concede
[kənsíːd]
동 용인하다, 양보하다
*con(강조의 뜻)+cede(양보하다)

conceive
[kənsíːv]
동 (생각 · 의견 · 원한 등을) 품다
*con(강조의 뜻)+ceive(취하다)

화요일 | Tuesday

condemn
[kəndém]

동 비난하다
*con(강조의 뜻)+demn(비난하다)

condense
[kəndéns]

동 압축하다
*con(강조의 뜻)+dense(농후한)

74 접두어 contra-, counter- : 반대로, 반대의

contraband
[kάntrəbæ̀nd]

명 불법거래, 밀매매(품)
*contra(반대로)+band(금지)

contradict
[kὰntrədíkt]

동 모순되다
*contra(반대로)+dict(말하다)

contravene
[kὰntrəvíːn]

동 위반하다
*contra(반대로)+ven(오다)

controversy
[kάntrəvə̀ːsi]

명 논쟁

counteract
[kὰuntərǽkt]

동 방해하다

counteraction
[kàuntəræk∫ən]
명 반작용

---

75 접두어 **cor-** : 함께, 강조의 의미

correct
[kərékt]
동 정정하다
형 바른
*cor(함께)+rect(바른)

corrode
[kəróud]
동 부식하다
*cor(강조의 뜻)+rode(갉아먹다)

corrupt
[kərʌ́pt]
형 부패한
동 부패하다
*cor(함께)+rupt(깨지다)

---

76 접두어 **de-(1)** : 아래로

debase
[dibéis]
동 (품위 등을) 떨어뜨리다
*de(아래로)+base(밑바닥)

decay
[dikéi]
동 쇠하다, 쇠퇴하다
*de(아래로)+cay(떨어지다)

화요일 | Tuesday

decline
[dikláin]

동 기울다
*de(아래로)+cline(구부러지다)

defame
[diféim]

동 명예를 훼손하다
*de(아래로)+fame(명성)

degradation
[dègrədéiʃən]

명 좌천, 하락

depose
[dipóuz]

동 해임하다

deposit
[dipázit]

명 예금, 침전물, 퇴적물
*de(아래에)+posit(놓다)

depress
[diprés]

동 낙담시키다, 우울하게 하다
*de(아래로)+press(누르다)

descend
[disénd]

동 내려가다

---

77 접두어 **de-**(2) : 떨어지다, 멀어지다(분리)

defy
[difái]
[동] 반항하다

dehydrate
[diːháidreit]
[동] 탈수시키다
*de(분리하다)+hydro(물)

demoralize
[dimɔ́(ː)rəlàiz]
[동] 풍기를 문란시키다
*de(분리하다)+moral(도덕)

derail
[diréil]
[동] 탈선시키다
*de(분리하다)+rail(선로)

desist
[dizíst]
[동] 그만두다, 단념하다

detour
[díːtuər]
[동] 돌아서 가다, 우회하다
*de(떨어지다)+tour(돌다)

deviate
[díːvièit]
[동] 빗나가다, 일탈하다

78 접두어 dis-(1) : 떨어지다, 제외하다

dismiss
[dismís]
[동] (생각 등을) 버리다, (깨끗이) 잊어버리다

dispel
[dispél]
[동] 쫓아버리다
*dis(분리하다)+pel(쫓다)

disport
[dispɔ́ːrt]
[동] 흥겹게 놀다
*dis(제외하다)+port(운반하다)

distract
[distrǽkt]
[동] 주의를 빗나가게 하다
*dis(떨어지다)+tract(끌다)

79 접두어 dis-(2) : 부정, 반대

disable
[diséibl]
[동] 무능력하게 하다
*dis(부정)+able(유능한)

disarm
[disáːrm]
[동] 무장을 해제하다

discredit
[diskrédit]
[명] 신용이 없는 것, 불신

disengage
[dìsəngéidʒ]

동 해방하다

dishonest
[disánist]

형 부정직한

disorder
[disɔ́ːrdər]

명 무질서
*dis(부정)+order(순서)

distrust
[distrʌ́st]

동 신용하지 않다
*dis(부정)+trust(믿다)

---

80 접두어 **en-(1) : 안에**

---

embarrass
[embǽrəs]

동 방해하다
*em(=en 안에)+bar(가로막대)

encase
[enkéis]

동 (상자 등에) 넣다
*en(안에)+case(상자)

enchant
[entʃǽnt]

동 황홀하게 하다, 요술을 걸다

enclose
[enklóuz]
[동] 에워싸다, 둘러싸다

81 접두어 en-(2) : ~하게 하다

endear
[endíər]
[동] 사랑받게 하다, 사모하게 하다
*en(~하게 하다)+dear(친애하다)

engage
[engéidʒ]
[동] 종사하다
*en(~로 하다)+gage(담보)

enrich
[enrítʃ]
[동] 부자가 되게 하다
*en(~하게 하다)+rich(부)

enslave
[ensléiv]
[동] 노예로 만들다
*en(~로 하다)+slave(노예)

82 접두어 ex-(1) : 밖에

exceed
[iksíːd]
[동] 초과하다
*ex(밖으로)+ceed(가다)

exhale
[ekshéil]

동 숨을 내쉬다
*ex(밖으로)+hale(숨을 쉬다)

exit
[égzit]

명 출구

expel
[ikspél]

동 내쫓다, 쫓아버리다

expose
[ikspóuz]

동 드러내다, 폭로하다
*ex(밖에)+pose(두다)

83 접두어 ex-(2) : 강조의 의미

exalt
[igzɔ́ːlt]

동 향상시키다
*ex(강조의 의미)+alt(높은)

exhilarate
[igzílərèit]

동 기분을 들뜨게 하다
*ex(강조의 의미)+hilari(들뜬)

exhort
[igzɔ́ːrt]

동 권고하다
*ex(강조의 의미)+hort(촉구하다)

84 접두어 ex-(3)(ex+명사 · 형용사) : 앞의, 원래의

ex-husband
[ekshʌ́zbənd]

[명] 전남편
*ex(원래의)+husband(남편)
cf. *ex-wife=전처

ex-premier
[eksprimíər]

[명] 전수상
*ex(전의)+premier(수상)

ex-president
[eksprézidənt]

[명] 전대통령
*ex(전의)+president(대통령)

85 접두어 in- : 안에, 위에

indent
[indént]

[동] 움푹 들어가다, 들어가다
*in(안에)+dent(치아)

inflate
[infléit]

[동] (공기 · 가스 등으로) 부풀게 하다
*in(위로)+flate(불다)

infuse
[infjúːz]

[동] 주입하다
*in(안으로)+fuse(흘러들어가다)

inhale
[inhéil]
동 (공기·가스 등을) 들이쉬다, 흡입하다
*in(안으로)+hale(호흡하다)

invade
[invéid]
동 침입하다

invocation
[ìnvəkéiʃən]
명 기원

86 접두어 mal- : 나쁜

malady
[mǽlədi]
명 질병

malediction
[mæ̀lədíkʃən]
명 욕
*mal(나쁜)+dict(말하다)

malefactor
[mǽləfæ̀ktər]
명 범인

malevolent
[məlévələnt]
형 악의가 있는
*mal(나쁜)+vol(의지)
cf. [반] benevolent=선의의

화요일 | Tuesday

malodorous
[mælóudərəs]

형 악취나는
*mal(나쁜)+odo(u)r(냄새)

maltreat
[mæltríːt]

동 학대하다
*mal(나쁜)+treat(취급하다)

malversation
[mæ̀lvərséiʃən]

명 독직, 공금 사취, 배임
*mal(나쁜)+vers(돌다)

87 접두어 **omni-** : 모든

omnibus
[ámnibʌ̀s]

명 승합자동차, 버스(줄여서 bus)

omnipotence
[ɑmnípətəns]

명 전능

omnipotent
[ɑmnípətənt]

형 전능한
*omni(전부의)+potent(유능한)

omnipresent
[ɑ̀mnəprézənt]

형 어디에나 있는
*omni(전부의)+present(출석해 있는)

143

omniscient
[ɑmníʃənt]

형 전지의, 박식한
*omni(전부의)+sci(지식)

omnivorous
[ɑmnívərəs]

형 아무거나 먹는
*omni(전부의)+vor(먹다)

---

88 접두어 per- : 완전히

perform
[pərfɔ́ːrm]

동 수행하다

persecute
[pə́ːrsəkjùːt]

동 박해하다
*per(온전히)+secute(뒤에 계속되는)

peruse
[pərúːs]

동 다 써 버리다, 숙독하다
*per(온전히)+use(사용하다)

pervade
[pərvéid]

동 침투하다
*per(온전히)+vade(가다)

---

89 접두어 poly- : 많은

화요일 | Tuesday

polygamy
[pəlígəmi]

명 일부다처

polygon
[páligàn]

명 다각형

polygraph
[páligræf]

명 복사기
* poly(많은)+graph(그리다)

polygyny
[pəlídʒəni]

명 일부다처제
* poly(많은)+gyn(여자)

polytheism
[páliθiːìzəm]

명 다신교
* poly(많은)+theos(신)

90 접두어 un- : 반대로, 거꾸로

undo
[ʌndú]

동 원상태로 하다
* un(반대로)+do(행하다)

unfasten
[ʌnfǽsn]

동 느슨하게 하다
* un(반대로)+fasten(조이다)

unfold
[ʌnfóuld]

[동] 열다, 넓히다
*un(반대로)+fold(접다)

unjust
[ʌndʒʌ́st]

[형] 부정한

unlock
[ʌnlɑ́k]

[동] 자물쇠를 열다

unripe
[ʌ̀nráip]

[형] 미숙한, 익지 않은, 시기상조의

unsafe
[ʌnséif]

[형] 위험한

untie
[ʌntái]

[동] 풀다, 끄르다, 매듭을 풀다

91 접미어 -ard, -art : 사람

braggart
[brǽgərt]

[명] 허풍선이
*brag(소리를 불다)+art(사람)

화요일 | Tuesday

drunkard
[drʌ́ŋkərd]

명 술취한 사람
*drunk(=drink 음주)+ard(사람)

laggard
[lǽgərd]

명 느림보
*lag(느린)+ard(사람)

---

92 접미어 -cle, -le, -el : 작은, 귀여운

---

animalcule
[æ̀nəmǽlkjuːl]

명 극미동물

navel
[néivəl]

명 배꼽
*nave(바퀴살)+el(작은)

particle
[páːrtikl]

명 분자, 미립자, 작은 조각
*part(부분)+cle(작은)

pinnacle
[pínəkl]

명 작은 뾰족탑

---

93 접미어 -et, -let : 작은, 귀여운

---

booklet
[búklət]

명 작은 책자
*book(책)+let(작은)

bullet
[búlit]

명 총탄
*bul(=ball 구)+let(작은)

islet
[áilət]

명 작은 섬
*isle(섬)+et(작은)

수요일
Wednesday

자주 나오는! 비즈니스영어 주요어구
200

시황 관계

advance	값이 오르다
bearish	(증권) 약세의
boom	경기가 좋아지다
bullish	(증권) 강세의
collapse	폭락하다
decline	하락하다
easy	(물자 공급이) 풍부한, (가격이) 약세인
economic recovery	경기 호전
fluctuate	변동하다
improve	(주가·시황·가치·수요 등이) 회복되다, 오름세가 되다
market trend	시장 동향
sag	(시세가) 일시적으로 떨어지다
slump	폭락하다

수요일 | Wednesday

soar	폭등하다
stiff	(물가가) 매우 비싼, 강세의
stiffen	(물가가) 오르다, 강세를 보이다
stock market	주식시장
there is a brisk demand for ~	~에 활발한 수요가 있다
there is a great demand for ~	~에 수요가 많다
there is a poor demand for ~	~에 수요가 적다
there is a steady demand for ~	~에 꾸준한 수요가 있다

회사 관계

ad agent	광고대리점
affiliated company	관계 회사
agent	대리점
branch office	지점

business background	업체의 이력
client	단골 거래처, 고객
competitor	동업자
customer	단골 거래처, 고객
distributor	판매업자
exporter	수출업자
head office	본점
importer	수입업자
joint-stock company	주식회사
limited company	유한회사
listed company	상장회사
manager	(은행 등의) 점장, 지점장
managing director	전무(상무)이사
parent company	모회사

수요일 | Wednesday

retailer	소매상
secretary	사무장
subsidiary company	자회사
supplier	공급자, 원료 공급자, 부품제조업자
well-established	기초가 튼튼한
wholesaler	도매상

상품 · 제품

agricultural products	농산물
article	상품, 제품
articles for sale	판매 품목
articles of consumption	소모품
commodity	상품, 제품
contracted goods	계약품, 약정품

defective goods	고장품, 결함품, 불량품
domestic products	국산품
food stuff	식료품
foreign products	외제품
general merchandise	일반 상품, 잡화
goods	상품, 제품
goods in hand	소유 물품
goods in stock	재고품
green stuff	야채류
hardware	철물
household stuff	가정용품
inflammable articles	가연성 제품
item	상품, 제품
kitchen ware	주방용품

수요일 | Wednesday

main lines of business	주요 취급 품목
manufactured goods	가공품
marine products	해산물
merchandise	상품, 제품
products	상품, 제품
stationery	문방구
stock	재고
substitute	대체품
textile goods	섬유제품
toilet articles	화장품

클레임

act of God	천재(재난)
adjustment	조정

amicable settlement	우호적인 해결
apology	사죄
arbitrator	중재인
at the risk of ~	~의 위험을 무릅쓰고,
award	(중재·재판 등에서의) 재정
be insured for ~	~(금액)의 보험을 들다
claim on ~	~에 손해배상 청구를 하다
clerical mistake	업무상의 착오
compensation	보상
complaint	불평, 불만
compromise	타협, 양보, 화해
conciliation	조정
defect	결함
defective goods	고장품, 결함품, 불량품

수요일 | Wednesday

destroy	폐기처분하다
effect insurance on ~	~에 보험을 들다
insurance company	보험회사
law suit	소송
non-delivery	인도불능, 배달 불능, 무배달
pilferage	장물
repair	보수(하다)
replace	교환하다, 대체하다
settlement	해결
survey	감정(鑑定)
warning	경고

우편

attach	첨부하다

by another mail	별편으로
by return	반송
confidential	친전
enclose	동봉하다
incoming	도착의, (들어)옴
outgoing	발신의, 보낼 수 있는
printed matter	인쇄물
registered mail	등기 우편
separately	별도의 우편으로
special delivery	속달

품질

average quality	보통 품질
bad quality	조악한 품질

수요일 | Wednesday

be highly estimated	호평이다
be warmly received	호평이다
be well accepted	호평이다
cheap quality	열등한 품질
enjoy a high reputation	호평이다
excellent quality	우수한 품질
fair quality	우량한 품질
good quality	우량한 품질
have a good reputation	호평이다
inferior quality	열등한 품질
poor quality	열등한 품질
quality certificate	품질 증명
quality control	품질 관리
quality guarantee	품질 보증

standard quality	표준 품질
uniform quality	균일한 품질

상품 안내 · 목록

brochure	팜플렛, 소책자
flier [flyer]	전단, 광고지
instruction manual	취급 설명서
operation manual	취급 설명서
sample sheet	견본 책자
specifications	사양서, 명세서

신용조사

assets	자산
business dealings	상거래

수요일 | Wednesday

business turnover	영업실적
capacity	영업능력
Chamber of Commerce and Industry	상공회의소
credit analysis	신용분석
credit standing	신용상태
debt	부채, 채무
financial standing	재정 상태
main lines of business	주요 취급 품목
obligation	채무
profit	이익
reliability	신뢰성
sales ability	판매 능력
sales amount	매상고
solvency	지불능력

territory	판매영역
transaction	거래

계약(서)

agreement	협정(서), 합의
assignment	(권리의) 양도
breach of contract	계약 위반
contract	계약(서)
draw up a contract	계약서를 작성하다
duplicate	부본, 사본
exchange contracts	매매계약을 하다
expiration	계약 기간의 만료
expiry	계약 기간의 만료
other party	상대방

수요일 | Wednesday

parties concerned	당사자
provision	조항
remarks	비고
sales note	판매노트, 매상기록
terms of payment	지불조건
third party	제삼자

주문

accept an order	주문을 받다
additional order	추가주문
annul an order	주문을 취소하다
cancel an order	주문을 취소하다
confirm an order	주문을 확인하다
decline an order	주문을 거절하다

fill an order	주문품을 조달하다, 주문에 응하다
get an order	주문을 받다
obtain an order	주문을 받다
order sheet	주문서
repeat order	추가주문
revoke an order	주문을 취소하다
sample order	견본 주문
secure an order	주문을 확보하다
split order	분할 주문
suspend an order	주문을 보류하다
withdraw an order	주문을 철회하다

신용장

amend	수정하다

수요일 | Wednesday

cancel	취소하다
confirm	확인하다
correspondent bank	거래 은행
expire	기한이 끝나다, 만기가 되다
expiry	유효기간
extend	유효기간을 연장하다
issue	발행하다
issuing bank	발행 은행
opening bank	개설 은행
renew	갱신하다
transfer	양도하다
validity	유효기간

목요일
Thursday

자주 나오는! 키워드
220

▶ 키워드

A

abuse	학대하다, 남용하다
adhere to	고집하다
adversary	적대자, 상대
affiliate	계열회사
affordable	(가격 등이) 적당한, 감당할 수 있는 범위의
alienate	~을 멀리하다, 소외하다
allocate	배분하다, 할당하다
along the way	도중에
along with	~에 더해서, ~와 동시에
aloof	냉담한, (마음을) 터놓지 않는, 무관심한
apt	어울리는, 적절한
arbitration	조정, 중재재판

목요일 | Thursday

array	배치, 배열
astute	기민한, 눈치빠른, 빈틈없는
attire	차려입다

B

back down	(의견·주장 등을) 철회하다, 양보하다
back to square one	처음으로 돌아가다
backlog	(일의) 미처리분
bad apple	주변에 나쁜 영향을 주는 사람
bail out	보석시키다
banknote	지폐, 은행권
be after	~을 찾다, ~을 추구하다
be game	~할 마음이 있는, 투지가 있는
be in great shape	컨디션이 아주 좋은

be up to one's ears	(일 등으로) 몹시 바빠서
before we know it	어느 틈엔가, 눈 깜짝할 사이에
before you know it	어느 틈엔가, 눈 깜짝할 사이에
believe it or not	이런 말을 해도 믿지 않을지 모르지만
between jobs	실직중
Big Brother	독재적인 힘을 가진 사람
big shot	중요 인물, 거물
bill of sale	매도증
billing	계산서 작성(발송)
bimbo	(매력적이지만) 머리가 텅빈 여자
binge	진탕 먹고 떠들기, 흥청망청하는 판
blast	최고로 즐거운 것
blow	몹시 화나다, 분하다
blow a fuse	노발대발하다

목요일 | Thursday

blow something out of proportion	~을 과장되게 취급하다
blow the whistle	경고를 발하다
blunt	무딘, 무뚝뚝한, 둔감한
bottom line	사실의 핵심
brand-happy	브랜드를 좋아하는
bring a civil suit	민사소송에 들어가다
browse	대충 훑어보다
buck	달러
bug	(사람을) 곤란하게 하다, 괴롭히다
bull session	자유토의
bundle of money	거금
business cycle	경기순환
business deal	상거래
by any chance	만일, 혹시(사소한 부탁을 할 때)

C

cataclysm	대변혁, 격동
catch on	이해하다
cellular telephone	휴대전화
Census Bureau	국세(인구) 조사국
chow down	식사를 하다
cinch	죄다, 확실하게 하다
circulate	회람하다, 배포하다
clean up the mess	뒤처리를 하다
cluster	무리, 집단
clutter	어지럽게 흩어져 있는 것
coax someone into	사람을 잘 달래서 ~시키다
common good	공익
condone	묵인하다

목요일 | Thursday

confide	(비밀을) 털어놓다
contend with	~와 싸우다, 항쟁하다
contingent	임시직의
corporal punishment	체벌
corporate membership	법인회원(권)
cost a packet	상당한 금액이 들다
cost of living	생활비
count someone out	(사람을) 수에 넣지 않다, 제외하다
countermeasure	대책
cram with	~을 밀어넣다, 포식시키다
craving for	~에 대한 갈망(욕구)
credentials	증명서, 자격인정서
credit	이수 단위
credit rating	지불능력(신용도)의 평가

criminal record	범죄 기록
cross fire	꼼짝할 수 없는 곤경
crucial	극히 중요한, 결정적인
crunch the numbers	계산하다
culprit	범인, 용의자
cut a deal	(상업상의) 계약(협정)을 하다
cut a deal with	(상업상의) 계약을 하다, 흥정하다
cut back	줄이다, 삭감하다, 가지를 치다, 절약하다
cut back on	~을 삭감하다
cut out	그만두다, 중지하다
cutting-edge technology	최첨단 기술

D

day off	비번, 휴일

목요일 | Thursday

day-to-day	매일매일의, 일상적인
daylight robbery	백주의 강도, 터무니없는 대금
dead giveaway	틀림없는(결정적인) 증거
deface	외관을 손상하다
demographic	인구의
deploy	전개하다
disenchantment	미몽에서 깨어남, 각성
disgruntled	불만인, 심술난
disparity	격차, 차이
dispatch	파견하다
distance learning	통신교육, 방송교육
distinction	명성
doubting Thomas	무엇이나 의심하는 사람
downbeat	비관적인

downsized	인원을 삭감한
drive a hard bargain	유리한 거래를 하다, 심하게 값을 깎다
drug abuse	약물 남용
dud	실패작, 쓸모없는 것
dump	하찮다, 헐값으로 팔다
dysfunction	기능이 발휘되지 않다, 고장나다

E

earth-friendly	지구에 친화적인
easy prey	아주 좋은 먹이감(희생물)
easygoing	느긋한, 한가로운
ecological institute	환경보호기관
embalm	부패 처리를 하다
emphatically	강조해서, 단호하게

목요일 | Thursday

employee benefit	종업원 수당
environmental crisis	환경 위험
eradicate	근절하다
excess staffing	과잉인원
expense item	비용(경비)이 드는 것
expulsion	제명, 제적, 추방, 퇴학
eye-opener	계발적인 것

F

fabric	구조, 구성
fabulous	아주 멋진, 놀랄 만한
facetious	우스운, 익살맞은, 경박한
facts and figures	정확한 자료(정보)
faculty member	교직원

fat and happy	만족해서
fatalities	사망자(수)
feel ostracized	소외되어 있다고 느끼다
field research	현지 조사
financial strategy	재무 계획
find out the hard way	쓰라린 경험을 통해서 확실히 깨닫다
findings	(조사·연구 등의) 결론, 소견
forebears	선조, 조상
forgery	문서 위조죄
fork out	(마지못해) 돈을 지불하다, 내어주다
freak	이상한, 진귀한
frivolous	천박한, 경박한, 하찮은
from dawn to dusk	새벽부터 저녁까지
from what I hear	들은 바에 의하면

목요일 | Thursday

frothy	거품 같은, 공허한
full refund	전액 환불, 전액 반환
fumigate	훈증 소독하다, 연기로 그을리다
fund-raiser	자금 조달자

G

gadget	(가정용) 간단한 기계장치, 장치
garbage can	쓰레기통
get a word in edgewise	(기회를 보아) 한마디 하다, 말참견하다
get across	맞은편으로 건너다(넘어가다)
get ahead	출세(성공)하다
get an edge on	좀 우세하다, 우위에 선
get busted on	(정학 등의) 처분을 받다
get down to	~에 파고들다, (일 등에) 진지하게 착수하다

get involved with	~에 휘말리다
get kicked out	퇴출당하다
get one's point	말하는 요점을 이해하다
get organized	머리를 정리하다
get reimbursed	변상을 받다
get shot down	각하되다
get stung	사기당하다
get the ball rolling	(솔선해서) 일을 시작하다, 개시하다
get the message	진의를 이해하다
get the picture	(상황·사태를) 이해하다, 파악하다
get the point across	문제점을 알게 하다
get through	(일 등을) 마치다, 끝내다
go into high gear	점점 번창해지다
go off the rails	탈선하다

목요일 | Thursday

goof	실수하다, 잘 못하다, 실패하다
grade school	초등학교
grant	교부(조성 · 보조)금
greenhouse effect	온실효과
grievance	불평, 불만
grim	엄격한, 가차없는
grueling	엄격한 요구를 하는, 녹초로 만드는
gun down	사살하다

H

hassle	혼란, 격론
have a ball	신나게 놀다, 흥청망청 떠들다
have a look-see	대충 훑어보다
have one's hands full	손이 비어 있지 않다, 아주 바쁘다

have the makings of	~의 소질(적성)이 있다
health nut	건강 매니어
here and elsewhere	여기저기, 이곳저곳
hip	유행에 민감한
hit on	~에 부딪치다, ~을 (잘) 찾아내다
hold out	저항하다
hot seat	대단히 괴로운(곤란한) 입장
housing complex	집합 주택
human resources	인사, 인적 자원

I

illicit	위법의, 부정의
impaired	정상적으로 기능하지 않는
implement	실행하다, 실시하다

목요일 | Thursday

in a huff	발끈 화를 내어
in a way	다소, 어느 정도까지
in one's neck of the woods	~의 근처에서
in one's own backyard	신변(근처)에, 자신의 영역에서
in real terms	실질상
in the know	(기밀·내부 사정 등을) 잘 알고 있는
in the works	진행중에
in-house training	사내 연수
incursion	침략, 급습
indigenous	(나라·지역에) 고유의, 국산의
ink a contract	계약서에 서명하다
innocuous	해가 없는, 무해한
interrogation	심문, 취조

J

job market	구인 시장
job performance	일의 업적
job security	직무 보증
job title	직함
jolt	정신적 쇼크, 놀람
juggle	얼버무리다, 조작하다
jump on the bandwagon	(시류에) 편승하다, 우세한 쪽에 붙다
junk	쓰레기, 폐품
juvenile court	소년 재판소

K

keep it up	(곤란을 무릅쓰고) 계속하다
knock off work	일을 그만두다

목요일 | Thursday

knuckle down — (일을) 진지하게 착수하다

금요일 Friday

자주 나오는! 키워드+관용어구
220

▶ 키워드

L

landmark	획기적인 사건
laugh all the way to the bank	수고없이 돈을 벌어 웃음이 그치지 않다
legal action	소송을 일으키는 것
legal fee	변호사 선임료
let in	~을 불러들이다
let up	(압력 등이) 약해지다, 줄다
level off	보합세가 되다
leveling-off	안정(보합) 상태
lie ahead	기다리고 있는
life-sized	실물 크기의
liquid detergent	액체 세제
lucrative	돈이 벌리는, 돈이 되는

금요일 | Friday

M

make a profit	벌다, 이익을 얻다
make allowances	정상 참작을 하다
make it	(일을) 잘 달성하다
map out	(미리) 계획하다
margin of error	오차의 허용범위
market background	시장정보(배경)
marketing strategy	판매 전략
mature	성인 대상의
measure up	(일정한 기준에) 달하다
mediator	중재인
medications	약제, 의약품
merchandise display	상품 진열(방법)
metabolism	신진대사

meticulous	사소한 일에 마음을 쓰는, 세심한
minimum wage	최저임금(제도)
minor offense	경범죄, 가벼운 죄
morbidity	(어떤 병으로 인한) 사망률

N

nasty	(병 등이) 심한, 중한
nerd	얼간이, 멍텅구리
nip in the but	봉오리일 때 따다, 미연에 방지하다

O

obesity	비만
obliquely	멀리 둘러서, 간접적으로, 비스듬히
obscene	외설스러운, 음란한

금요일 | Friday

off the cuff	즉흥적으로, 조사하지 않고 말하다
off the top of one's head	별로 생각하지 않고, 즉흥적으로
off-the-record	비밀의
offbeat	색다른, 엉뚱한, 기이한
on a regular basis	정기적으로
on the cutting edge of	~의 최선단(선두)에 있는
on the off chance	있을까 말까 하는 드문 기회
on the warpath	앞뒤가리지 않고 불끈해서
on top of which	~에 더해서
one thing leads to another	한 가지 일이 다른 일의 계기가 되다
one way or the other	어차피
open secret	공공연한 비밀
open-and shut case	명백한 사례
organic farming	유기농법

organic produce	유기농산물
out of curiosity	호기심에서
outrageous	터무니없는, 기가 막힐 정도의
overkill	지나침, 과잉, (핵무기 등의) 과잉 살상력

P

pager	호출기
paramedic	의료보조자(간호사, 검사기사, 약제사 등)
pay for oneself	채산이 맞다, 이익이 남다
pertinent	타당한
physical assault	신체적 폭행
pile sky-high	산더미처럼 쌓아올리다
pitch in	(~에) 협력하다
plaintiff	원고, 제소인

금요일 | Friday

play a practical joke	짓궂은 장난을 하다
plight	곤경, 궁지
plummet	급락
plunge	갑자기 떨어지다
point man	선두에 서는 사람
pop the question	결혼을 신청하다, 프로포즈하다
pop up	(생각지도 않은 곳에) 뜻밖에 나타나다
portfolio	유가증권 명세표
pots of money	거금
predilection	편애
preeminent	걸출한, 뛰어난, 현저한
premium	고급스러운
premium price	(다른 것보다) 높은 가격
preoccupation	최대 관심사, 급한 일

prescription drug	처방약
preventive medicine	예방약, 예방의학
prioritize	우선 순위를 매기다
priority	우선 사항
pristine	소박한
private business	민간기업
privy to	은밀히 관여하고 있는
procrastination	늑장, 지체
prod	찌르기, 자극, 재촉
protracted	오래 끄는
public domain	공유(사회의 공통) 재산
pull in	돈을 벌다
pull strings	배후에서 조종하다, 연줄을 이용하다

금요일 | Friday

Q

qualified	적임의
quick buck	쉽게 번 돈, 부당하게 번 돈

R

raise hell about ~	~에 화를 내다, 야단법석을 떨다
rampant	사나운, (병·소문 등이) 유행하는
real estate agency	부동산업자
rebound	회복되다, 본래대로 돌아오다
reimburse	변상(배상)하다, 상환하다
relate	익숙해지다, 적응하다
relent	관대해지다
right off the bat	즉석에서
rip off	(사람·가게 등에서) 약탈하다, 먹이로 하다

rising tide	상승 경향
rock bottom	저가, 최저선
rule out	제외하다

S

safe and sound	무사히
save face	체면을 지키다, 체면이 서다
save on	~을 절약하다
save the day	궁지를 빠져나오다
savings rate	저축률
savor	즐기다
scam	신용사기 · 야바위
scammer	사기꾼
scribble	급히 갈겨쓰다

금요일 | Friday

self-discipline	자제, 자기 훈련
senior citizen	고령자
sensible	현명한
set a good example	좋은 본을 보이다
settle a dispute	분쟁을 해결하다
setup	상황
shift	변화, 변동
shift gears	(극적으로) 태도(방침)를 바꾸다
shipshape	정연한
shop around	상품을 둘러보다
shot	담당부서(구역·임무), 지위
shot-tempered	성미가 급한
sign off	일을 일단락짓다(끝내다)
sign on the dotted line	서명란에 사인하다

sign up	가입하다
sky-high	대단히(극도로) 높다
slant	왜곡하다
slash prices	가격을 대폭적으로 내리다, 절하하다
slot in	스케줄에 넣다, (~을 일련의 것 속에) 넣다
small fortune	상당한 금액, 많은 돈
smokers' ranks	흡연자의 비율
sort out	가려내다, 정리하다
spouse	배우자
standard of living	생활 수준
sting	사기
streamline	합리(간소)화 하다
succumb	굴복하다, 지다
sucker	속기 쉬운 사람, 어리석은 사람

금요일 | Friday

surcharge	추가요금
surf the Web	인터넷에서 마음가는 대로 정보를 찾다(웹서핑)
suspend	정직(퇴학)이 되다
sweep	(폭풍·노도·전염병 등이) 엄습하다, 만연하다
sweet tooth	단 것을 좋아함

T

tack	방침, 하는 방식
take on	채용하다, 도입하다
take the final bow	마지막 인사를 하다
take time out	시간을 나누다
team up	협력(협동)하다
tell on someone	누군가에 대해 고자질하다
temp(=temporary staff)	파견사원, 임시고용자

terse	간결한
that goes for ~	그것은 ~에 적용된다
the way it is now	현재 상태로는, 지금 상황으로는
time lag	시간적 차이(어긋남), 지연
time-consuming	많은 시간을 필요로 하는
tip	요령, 비결
to the bone	철저하게
token of appreciation	감사의 표시
tone of voice	어조, 어감
top brass	고급 관료(장교), 거물
tourist board	관광국
tourist brochure	관광객 대상의 팸플릿
trash	헐뜯다, 비방하다
trim	(예산·경비 등을) 삭감하다

금요일 | Friday

trumped-up story	날조된, 조작된
tune out	주의를 기울이지 않는
twist	궁리, 고안, 고찰

U

under obligation	(~할) 의무가 있어서
under pressure	절박한 상황하에
underage	미성년의
upheaval	대변동
uphill battle	힘든 싸움
upshot	결과, 결말
upswing	상승, 상승 기세(경향), 향상

V

vulnerable	상처 입기 쉬운

W

wean	~에서 떼어놓다, 버리게 하다
weird	수상한, 불가사의한, 섬뜩한
wind down	단계적 축소(진정)
wrap it up	끝내다, 정리하다

Y

you name it	무엇이든, 모조리

금요일 | Friday

▶관용구

E

even if I do say so myself	스스로 이렇게 말하는 것이 뭐하기는 하지만

F

from what I gather	내가 살펴본 바로는

H

Have you got a minute?	시간을 좀 내 주시겠습니까?
Hold your horses.	서두르지 마. 기다려!
How about that?	이건 놀라운 일이군요. 멋지다.

I

I bet ~	반드시(~다), ~임에 틀림없다

I don't get it.	알 수 없군요. 이해가 되지 않는군요.
I get it.	알겠습니다.
I mean ~	즉, 그러니까
I meant to tell you.	말씀드리려고 했습니다.
I should say so.	바로 그대로입니다.
I'd say ~	아마 ~이겠지요.
I'll get to that later.	나중에 이야기합시다.
I'll say.	과연. 정말.
I'm all for it.	이것은 대찬성입니다.
I'm sold.	납득이 됩니다.
It depends.	경우에 따라서입니다.

M

mind you	(다짐을 받듯이) 좋습니까?

금요일 | Friday

My word!	(놀람·초조 등을 나타내어) 이런!

N

No doubt about it.	그것은 틀림없습니다.
None taken.	조금도 걱정하지 않습니다.

T

Talk it over.	그것을 잘 의논하세요.
That does it.	그것으로 충분합니다.
That's another story.	그것은 또 다른 이야기입니다.

W

What are the chances of ~?	~의 가능성은 어느 정도입니까?
What gives?	어떻게 된 것입니까? 무슨 일이 있었습니까?

What's the story?	어떻게 된 겁니까?
When in doubt, check it out.	의심이 가면 조사해 볼 것.
Where do you draw the line?	어디서 한 획을 그을 것입니까?
Who cares?	알게 뭐야!
Who knows?	혹시 모르지! 어쩌면.
Who would've guessed ~?	~은 의외였어요.(~할 줄 누가 알았겠어요?)

Y

You bet.	물론입니다.
You can't beat that.	그건 상관 마세요. 그 이상은 기대하지 않습니다.
You could put it that way.	그렇게 말할 수도 있겠네요.
You're telling me.	지당하신 말씀.
You've got me.	너한테는 완전히 졌다 (두 손 들었다).

부록

두 권의 단어장에서 볼 수 있는

능률적인 학습법

TOEIC 시험 단어장을 만들면서 어느 여학생의 노트 2권의 일부를 싣기로 했습니다. 단기간에 TOEIC 점수를 700점에서 850점으로 단숨에 올린 그녀의 공부 방법의 일부가 이 노트에 구체적으로 반영되어 있는 것이 눈에 띄었습니다.

〈부록 PART1〉의 경우는 그녀가 아주 능률적으로 자기 나름대로 노트를 정리한 것을 알 수 있습니다. 단어 하나하나의 의미를 따로따로 외우는 것이 아니라 그 단어에 관련된 파생어와 주변 부분에 위치하는 단어를 정리해서 기억할 수 있도록 한 것입니다. 이러한 방식으로 능률적인 단어 암기가 가능하도록 독자적인 단어장을 만든 것을 알 수 있을 것입니다.

〈부록 PART2〉의 경우는 〈PART 1〉에서와는 달리 난해한 단어를 분해하여 어원을 통하여 이론적으로 기억할 수 있도록 노력한 것을 볼 수

부록

있습니다. 여기에 나오는 단어는 매우 어렵고, 암기하기 어려운 단어들 뿐이지만 어원의 지식을 응용해서 난해한 단어를 자기 방식으로 분해하여 쉽게 기억한 과정을 볼 수 있습니다.

앞의 '정리해서 암기' 하는 방식 혹은 '대비시켜서 암기' 하는 방식은 학습심리학의 이론에 기초한 '통합' 과 '대비' 의 기억 방식을 그녀 나름대로 응용한 것입니다.

후자의 어원으로 분석해서 기억하는 방식을 일단 익히게 되면, 아주 많은 기억하기 어려운 단어를 쉽게 기억할 수 있을 뿐만 아니라 동시에 모르는 단어가 나오더라도 어원 공식을 대입 분석함으로써 단어의 의미를 추측할 수 있습니다.
그 여학생의 노트 2권에서 볼 수 있는 학습 방법이 독자 여러분들에게 조금이나마 도움이 되기를 바라는 마음입니다.

부록 Part 1

1년에 150점을 올린다!
TOEIC 테스트에서 850점을 받은
학생의 단어장

aberrant aberration	형 이상한 명 이상
ache for ache to do	동 ~을 동경하다, 열망하다 동 아플 정도로 ~하고 싶다
acquaint acquaintance	동 ~에게 숙지시키다, ~에게 알리다 명 면식, 지식, 지인
adequate inadequate	형 적당한, 충분한 형 부적당한, 불충분한
adolescence adolescent	명 사춘기 형 사춘기의 명 사춘기의 남녀
affirm affirmation affirmative	동 ~을 단언하다, ~을 긍정하다 명 단언, 긍정 형 단정적인, 긍정의
afflict affliction	동 (정신적·육체적으로) 괴롭히다 명 고뇌
agile	형 기민한

부록 | PART 1

agility	명 기민함
agitate	동 ~을 동요시키다, 선동하다
agitation	명 동요, 선동
agitator	명 선동자
allege	동 ~라고 주장하다, ~라고 단언하다
allegedly	부 전해진 바로는
antonym	명 반의어
synonym	명 유의어
appall	동 ~을 질리게 하다
appalling	형 간담이 서늘해지는
appreciate	동 ~에 감사하다, 가치가 오르다
appreciation	명 감사, 가치 등귀
apprehend	동 ~을 체포하다
apprehension	명 체포, 관념, 이해
arrest	동 ~을 체포하다
book	동 ~을 경찰 기록에 기입하다
pick up	동 ~을 잡다

pinch	동 ~을 체포하다
aristocracy	명 귀족정치
aristocrat	명 귀족
aristocratic	형 귀족의
assail	동 ~을 공격하다, ~을 괴롭히다
assailant	명 가해자, 공격자
assassin	명 암살자
assassinate	동 ~을 암살하다
assassination	명 암살
at any rate	부 특히
at this rate	부 이런 상태에서는, 이래 가지고는
authentic	형 진짜의, 진심어린
authenticity	명 확실성, 신빙성, 성의가 있는 것
bear	동 ~에 견디다, ~을 낳다
bearing	명 태도, 관계, 인내, 낳는 것
bilateral	형 두 사람간의
unilateral	형 일방적인

blind	형 눈이 보이지 않는, 무계획적인
blindly	부 맹목적으로, 무턱대고
blink	동 깜박거리다, 보고도 못 본 체하다
bliss	명 다시 없는 행복, 희열
blissful	형 아주 즐거운
brainless	형 바보같은
mindless	형 생각없는, 어리석은
brainwashing	명 세뇌, 강제적 사상 개조 공작
brain wave	명 영감, 묘안, (의학) 뇌파
bunch	명 방, (꽃의) 속, 무리
bundle	명 묶음, 다발 동 ~을 다발로 묶다
civil	형 시민의, 예의바른, 세속의, 민사의(법)
civilian	명 민간인
civilization	명 문명
civilize	동 ~을 개화하다
civilized	형 문명화된

cohere	통 (논리 등이) 시종일관하다
coherence	명 시종일관
coherent	형 시종일관한

compensate	통 ~에 보상하다, ~을 메우다
compensation	명 보상

competence	명 능력
competent	형 유능한

complement	명 보충물
compliment	명 찬사

concave	형 끄면의
convex	형 凸면의

concede	통 ~을 양보하다
concession	명 양보

conciliate	통 ~을 내 편으로 만들다, ~을 조정하다
conciliation	명 화해, 조정

confide	통 비밀을 털어놓다, 신뢰하다

confidence	명 자신, 신뢰, 속내 이야기
confident	형 확신하는, 자신에 찬
confidential	형 심복의, 기밀의
confidentially	부 내밀하게

confine	동 ~을 제한하다 명 경계, 한계
confinement	명 감금

consequence	명 결과, 중요함
consequently	부 그 결과

consider	동 ~을 숙고하다
considerable	형 상당한, 꽤 많은
consideration	명 숙고, 고려할 사항, 배려

consistency	명 일관성, 조화
consistent	형 일관된
consistently	부 시종일관

consolation	명 위안
console	동 ~를 위로하다, 격려하다

conspiracy	명 음모

conspire	동 음모를 꾀하다
constituency	명 선거구
constitute	동 ~을 구성하다
constitution	명 구성, 헌법, 체질
constitutional	형 헌법의
constrain	동 ~에 강하다, ~을 억제하다
constraint	명 강제, 억제
contagion	명 (접촉) 전염(=infection)
contagious	형 전염성의(=infectious)
contemplate	동 ~을 심사숙고하다
contemplation	명 묵상, 숙고
contradict	동 ~을 부인하다, ~와 모순되다
contradiction	명 부정, 모순
contradictory	형 모순된
convict	명 죄인, 죄수 동 ~을 유죄로 하다
conviction	명 확신, 유죄 판결
convince	동 ~에게 확신시키다

convinced	형 확신하여
convincing	형 설득력이 있는
decay	동 쇠퇴하다, 썩다 명 쇠퇴, 썩음
die out	동 (습관 등이) 쇠퇴해지다, 멸종하다
dedicate	동 ~을 헌납하다, 바치다
dedicated	형 헌신적인
dedication	명 바침, 헌정
delude	동 ~를 속이다, 현혹시키다
delusion	명 현혹, 기만
delusive	형 망상적인
denomination	명 명명, 명칭
denounce	동 ~을 비난하다
depreciate	동 가치가 떨어지다, 하락하다, 얕보다
depreciation	명 가치 하락, 가격 저하
derivation	명 유래
derive	동 ~을 인출하다, 유래하다

detach	동 ~을 떼다, 분리하다
detachment	명 분리
deteriorate	동 ~을 악화시키다
deterioration	명 악화
deviate	동 빗나가다, 벗어나다
deviation	명 탈선, 일탈
discreet	형 사려(분별·지각)있는
discretion	명 신중함
disorder	명 무질서
dispatch	동 ~을 보내다 명 발송
dispel	동 ~을 쫓아버리다
displease	동 ~을 불쾌하게 하다
displeased	형 화난
distinguish	동 ~을 구별하다
distinguished	형 우수한, 뛰어난

diverge	동 분기하다, 갈라지다, 일탈하다
divergence	명 분기, 일탈
divergent	형 분기하는
diverse	형 다른 종류의, 여러 가지의
diversify	동 ~을 다양화하다
dwell	동 살다
dweller	명 거주자
dwelling	명 주거
elaboration	명 고심하여(공들여) 만듦
elaborate	동 ~을 애써 만들다, 공들여 만들다
embarrass	동 ~를 당혹하게 하다, 쩔쩔 매게 하다
embarrassing	형 당혹하게 하는, 난처한
embarrassment	명 당혹, 곤혹
embodiment	명 구현, 구체화
embody	동 ~을 구체화하다, 형태를 부여하다
eminence	명 저명
eminent	형 저명한

explicit	혱 확실한
implicit	혱 함축적인
extract	동 (이 등을) 뽑다, (원리 등을) 추론하다
extraction	명 뽑아냄, 적출(법), 발치
flatter	동 ~에게 아첨하다, 알랑거리다
flattering	혱 빌붙는, 아첨하는, 기쁘게 하는
flattery	명 아첨, 추켜세우기
forge	동 ~을 위조하다
forgery	명 위조
frail	혱 여린, 허약한
frailty	명 여림, 허약, 의지 박약, 결점
glance	명 흘끗 봄, 섬광
glimpse	명 흘끗 보임, 언뜻 봄
glorious	혱 명예로운
glory	명 영광
hazard	명 위험

hazardous	형 위험한
hereditary	형 유전성의
heredity	명 유전
honor	명 명예 동 명예를 주다, ~를 존경하다
honorable	형 명예로운
House of Lords	명 (영국) 상원
House of Commons	명 (영국) 하원
House of Councilors	명 (일본) 참의원
House of Representatives	명 (일본) 중의원
Senate	명 (미국) 상원
Representatives	명 (미국) 하원
Upper House	명 상원
Lower House	명 하원
idealization	명 이상화
idealize	동 ~을 이상으로 여기다
ideally	부 이상적으로(는), 관념적으로
impartial	형 공평한
partial	형 일부분의, 부분적인, 불완전한

impertinence	몡 건방짐, 뻔뻔함, 부적절함
impertinent	혱 건방진, 주제넘은
incident	몡 일어난 일, 사건
incidental	혱 부수적으로 일어나는, 흔히 있는, 우발의
incidentally	閉 부수적으로, 그런데
indifference	몡 무관심
indifferent	혱 무관심한
inept	혱 부적당한, 무능한
ineptitude	몡 전혀 예상이 빗나감, 부적당
infer	통 ~을 추론하다
inference	몡 추론
infinite	혱 무한한
infinitive	몡 부정사
infinity	몡 무한
inherit	통 ~을 상속하다, 물려받다
inheritance	몡 상속(재산), 유산

insular	형 섬의, 섬나라 근성의
insularity	명 섬나라 근성
intend	동 ~을 의도하다
intention	명 의도
intentional	형 고의의
intent	형 전념한, 몰두하는
intimacy	명 친밀함, 친교
intimate	형 친밀한
lean(1)	동 기울다, 기대다
lean(2)	형 야윈
loud	형 화려한, 큰 목소리의
loudness	명 화려함, 큰소리
lust	명 욕망, 색욕
luster	명 광택
meditate	동 숙고하다
meditation	명 숙고

minute	형 미소한, 상세한
minutes	명 의사록
mislead	동 ~의 판단을 잘못하다
misleading	형 오해를 일으킬 만한
misunderstand	동 ~을 오해하다
misunderstanding	명 오해
mitigate	동 (고통을) 완화시키다, 경감하다
mitigation	명 완화, (형기 등의) 경감
modest	형 겸손한
modesty	명 겸손
momentarily	부 잠깐 동안
momentary	형 순식간의, 시시각각의
multiplication	명 곱셈
multiply	동 곱하다 *ex)* 3 multiplied by 5 is 15.
obedience	명 복종
obedient	형 순종하는
obey	동 ~에 따르다

object	몡 대상 통 ~에 반대하다
objection	몡 반대
objectionable	형 불유쾌한
objective	형 객관적인
obligation	몡 의무
obligatory	형 의무적인, 필수의
oblige	통 ~에게 의무를 지우다, 부득이 ~하게 하다
obliging	형 친절한
oblivion	몡 잊고 있는 것
oblivious	형 잊게 하는, 잘 잊어버리는
obscure	형 분명치 않은
obscurity	몡 확실하지 않은 것
observance	몡 준수, 의식, 관례
observant	형 주의깊은, 준수하는
observation	몡 관찰, 주목
observe	통 ~을 관찰하다, 알아채다
obsess	통 늘러붙다, 붙어다니다
obsession	몡 달라붙음, 망상, 강박관념

obsessive	형 강박관념의, 붙어서 떨어지지 않는
obsolete	형 쓸모없게 된, 진부한
obstacle	명 장애물
obstruct	동 ~을 방해하다, 가로막다
obstruction	명 방해
obstinacy	명 완고함
obstinate	형 완고한
obtain	동 ~을 얻다
obtainable	형 얻을 수 있는
obtrude	동 ~을 강요하다, 불쑥 내밀다, 주제넘게 나서다
obtrusive	형 우격다짐의, 주제넘게 참견하는
obvious	형 명백한, 분명한
obviously	부 명백히, 두드러지게
occasion	명 기회, 경우
occasional	형 때때로의
occasionally	부 때때로

occurrence	명 사건
odd	형 이상한, 짝이 맞지 않는, 임시의
oddity	명 괴상함, 기이함
oddly	부 기묘하게, 기이하게
odds	명 우열의 차, 차이, 승산(가망성)
odor	명 냄새(주로 악취)
offence	명 위반, 불쾌한 일
offend	동 ~를 화나게 하다
offensive	형 불쾌한, 거슬리는
offhand	부 즉석에서 형 즉석의
offset	명 상쇄하는 것, 벌충 동 ~을 상쇄하다
offspring	명 자손, 결과
off-street	형 큰길에서 떨어진, 뒷골목의
official	형 공적인 명 공무원
officially	부 공무상, 표면적으로는
omission	명 생략

omit	[동] ~을 생략하다

on the contrary	반대로
to the contrary	그와 반대로

operate	[동] 작동하다, 작용하다
operation	[명] 작동, 실시

oppose	[동] ~에 반대하다
opposed	[형] 반대의
as opposed to	~에 대립하는 것으로서(의)
be opposed to	~에 반대하다
opposite	[형] 반대쪽의 [명] 반대의 것(사람)

oppress	[동] ~을 압박하다
oppression	[명] 압박
oppressive	[형] 압제적인

original	[형] 원래의, 독창적인
originality	[명] 독창성
originally	[부] 원래, 독창적으로
originate	[동] ~을 일으키다

ornament	명 장식
ornamental	형 장식의
ostentation	명 겉치레, 허식, 과시
ostentatious	형 자랑삼아 드러내는, 과시하는
ostentatiously	부 자랑삼아, 과시하여
outbreak	명 (전쟁·질병 등) 발생, 돌발
outburst	명 폭발
outcome	명 결과
outdo	동 ~보다 나은
outgo	명 지출
outlaw	명 무법자
outlet	명 출구, 배출구
outline	명 윤곽, 개요
outlive	동 ~보다 더 오래 살다
outlook	명 조망, 개관
output	명 생산고
outrage	명 난폭 동 ~를 분개시키다
outrageous	형 난폭한, 포학한
outright	부 그 자리에서
outset	명 최초
outskirts	명 교외

outstanding	형 두드러지는, 걸출한
outward	형 바깥쪽의

overcome	동 ~를 이기다
overdo	동 ~을 지나치게 하다, 도를 넘다
overeat	동 과식하다
overflow	동 넘치다
overhead	부 정상에
overhear	동 ~을 우연히 듣다, 엿듣다
overlap	동 ~와 겹치다
overlook	동 ~을 간과하다, 너그럽게 봐주다
overnight	부 밤 사이에, 밤새껏
overrate	동 과대평가하다
overrule	동 (권력으로) 뒤엎다, 파기(각하)하다
overrun	동 침략하다, 황폐하게 만들다
overseas	부 해외로(에서) 형 해외의
overthrow	동 ~을 전복시키다
overtime	명 시간외 근무
overwork	동 ~을 혹사시키다 명 과도한 노동

painful	형 아픈
painstaking	형 뼈를 깎는, 수고를 아끼지 않는

pang	명 고통
pant	동 헐떡거리다, 열망하다
partake	동 함께하다
participle	명 분사
particle	명 미립자, 분자, 극히 작음, 극소량
parting	명 이별, 헤어짐, 분기
partnership	명 협력
pass for	~으로 통용하다
passable	형 상당히 좋은
passage	명 통행, 경과
passer-by	명 통행인
paternal	형 아버지의, 아버지다운
patriot	명 애국자
patriotic	형 애국심이 있는
patriotism	명 애국심
perceive	동 ~을 지각하다

perceptible	형 지각할 수 있는
perception	명 지각, 인식
pervade	동 (사상·활동·영향 등이) 널리 퍼지다
pervasion	명 충만, 보급, 침투
pervasive	형 퍼지는, 보급하는, 스며드는
perversion	명 곡해, 악용, 도착
pervert	동 ~을 왜곡하다
popularization	명 대중화
popularize	동 ~을 대중화시키다
pound	동 ~을 세게 치다, (심장이) 두근거리다
pout	동 입을 삐쭉 내밀다 명 입을 삐죽거림
poverty	명 빈곤
precede	동 앞서다, 먼저 일어나다
precedent	명 전례
preceding	형 앞선, 선행하는, 전술한
preoccupied	형 몰두한, 정신이 팔린
preoccupy	동 ~에 몰두하다, 마음을 빼앗다

pretence	명 겉치레, 가식
pretended	형 거짓의, 겉치레만의
procedure	명 수속, 절차, 처치
proceed	동 나아가다, 전진하다, 계속하다
process	명 경과, 공정, 방법, 처치
procession	명 행진, 행렬
prosper	동 번영하다
prosperity	명 번영, 성공
prosperous	형 번영하고 있는
rational	형 합리적인, 이상적인
rationalize	동 ~을 합리화하다
refer	동 참조하다, 가리키다
reference	명 참조, (경력 등의) 증명서, 참조문
reign	명 통치 동 군림하다
reinforce	동 ~을 보강하다
reinforcement	명 보강

renounce	동 ~을 포기하다, 폐기하다
renown	명 명성
renowned	형 명성있는
row(1)	명 열, 줄
row(2)	동 (노를 써서) 배를 젓다
row(3)	명 싸움, 말다툼
rue	동 (죄·과실 등을) 후회하다
rueful	형 후회하고 있는
sarcasm	명 풍자
sarcastic	형 빈정대는, 비꼬는
scream	동 소리치다, 깔깔거리며 웃다
screamer	명 웃기는 사람(이야기)
screaming	형 날카롭게 외치는, 우스워 못 견디는
seeming	형 겉으로의, 외관상의
seemingly	부 겉으로 보기에는
seize	동 ~을 붙잡다, 꽉 쥐다

seizure	몡 붙잡아 쥠, 압수, 약탈
snob	몡 속물
snobbish	형 속물의
sob story	눈물을 자아내는 이야기
sob stuff	눈물 짜게 하는 것
stagnant	형 흐르지 않는, 정체된
stagnate	동 (액체가) 흐르지 않다, 괴다, 썩다
stagnation	몡 침체, 부진, 불경기
standardization	몡 표준화
standardize	동 ~을 표준화하다
standpoint	몡 입장, 견지
standstill	몡 정지
subsequence	몡 다음, 이어서 일어남
subsequent	형 그 다음의
subsequently	부 다음에, 그후
substance	몡 물질, 본질, 취지

substantial	형 본질적인, 상당한
suspend	동 ~을 매달다, ~을 일시 정지하다
suspension	명 매달기, 일시정지
sustain	동 ~을 유지하다
swallow(1)	명 제비
swallow(2)	동 ~을 삼키다, ~을 꿀꺽 삼키다
tantalize	동 ~을 보여서 감질나게 하다
tantalizing	형 애타게 하는, 감질나게 하는
tender(1)	형 부드러운, 연한, 상냥한
tender(2)	동 ~을 지불하다
transcribe	동 ~을 베끼다, 옮겨쓰다
transcript	명 베낀 것, 사본
truancy	명 무단결석
truant	명 무단결석자 형 꾀병을 부리는
unification	명 통일, 통합

uniformity	명 한결같음, 균일성
unify	동 ~을 통일하다

whim	명 변덕, 일시적인 생각
whimsical	형 마음이 잘 변하는, 변덕스러운

admittedly	부 의심할 바 없이, 틀림없이
apparently	부 명백하게, 외견상
basically	부 기본적으로
naturally	부 자연스럽게, 꾸밈없이, 당연히, 물론
obviously	부 확실히, 명백하게
personally	부 자기 자신이, 개인적으로
presumably	부 생각건대, 아마
surely	부 확실히, 꼭

부록 **Part 2**

800점 이상을 목표로 하는
영어 단어장

A

aberrant	정도에서 벗어난 명aberration *ab+errant
abusive	욕을 하다 명abuse
accession	취임 동accede *ac+cession
acclimatization	신환경 순응 동acclimatize *ac+climatization
acquiesce	묵묵히 따르다 *ac+quiesce
acquiescence	어쩔 수 없는 동의, 묵인 동acquiesce *ac+quiescence
acquit	~을 무죄로 하다 *ac+quit
acrimonious	신랄한
acrimony	신랄함 *ac+rimony
adjournment	미룸, 연기 동adjourn
adornment	장식 동adorn *adorn+ment
adulation	추종, 아첨 동adulate
adulteration	(식품·약 등에) 혼합물을 섞음, 섞음질 동adulterate
affectation	허식, 으스댐 동affect 형affected
affidavit	선서, 진술서
affiliation	합병, 제휴 동affiliate 형affiliated
affinity	유사함, 인척, 밀접한 관계
affliction	고통, 고뇌, 병 동afflict
affront	모욕, 무례한 언동
aggrandizement	확대 *ag+grandizement

aggravation	악화, 심각화 [동] aggravate *ag+gravation
aggregate	집합, 총계 *ag+gregate
alacrity	민활, 민첩
alignment	일렬 정렬, 배열
altruism	이타주의 [형] altruistic
amalgamation	합병 *a+mal+gamation
ambidextrous	비범하게 손재주가 좋은 *ambi+dext+rous
amorphous	일정한 모양을 갖지 않는, 무정형의, 조직이 없는 *a+morphous
ample	넓은, 풍부한 [동] amplify
amputation	절단(수술), 정리 [동] amputate
animosity	악의, 증오, 원한
anticlimax	용두사미
antithesis	대조
appease	달래다, 진정시키다 [명] appeasement
apprise	~에게 알리다, (남에게 사정을) 통보하다
approbation	인가 [동] approbate
arid	불모의, 무미건조한
artifice	책략
artless	꾸밈없는, 자연스러운, 순박한
asperity	(기질 · 어조의) 거침음, 무뚝뚝함
aspersion	중상(中傷), 비방 [동] asperse
assiduity	근면 [형] assiduous

assiduous	근면한 [명]assiduity
assuage	(고통 · 노여움 · 불안 등을) 완화하다, 달래다
atonement	보상, 죄값 [동]atone
atrocity	잔혹 [형]atrocious
attire	~에게 차려입히다
augmentation	증가 [동]augment
august	위엄있는
auspice	보호
avarice	탐욕 [형]avaricious

B

bail	보석금
banal	진부한
bash	~을 후려치다, 때려 부수다, 충돌하다
bearing	태도
bedlam	소란한 곳, 아수라장, 혼란
behoove	~할 의무가 있다
beleaguer	~을 포위하다, 괴롭히다
belie	~을 잘못 전하다
bellicose	호전적인 [명]bellicosity
bellicosity	호전성, 싸움을 좋아하는 [형]bellicose
belligerence	호전성 [형]belligerent
benefactor	은혜를 베푸는 사람

beneficence	선행, 자선
beneficiary	은혜를 받는 사람, 수익자, 수취인
benign	온화한, 길조의, 상냥한
bequeath	~을 유산으로 남기다, ~을 후세에 남기다
beseech	~을 간청하다, 탄원하다
betroth	~를 약혼시키다 명 betrothal
betrothal	약혼 동 betroth
bidding	명령, 입찰
bland	부드러운, 자극이 없는
blatant	뻔뻔한, 주제넘은
blemish	흠, 결점
blight	~을 못쓰게 만들다, (식물을) 마르게 하다, 시들게 하다
bloat	~을 부풀게 하다
bogus	가짜의, 사이비의
boisterous	거친, 사나운, 난폭한
boorish	촌사람의 명 boor
booty	전리품, 약탈품
bountiful	인심이 좋은, 풍부한 명 bounty
bounty	관대, 은혜
brash	성급한
bravado	허세
brawl	말다툼
brawny	근골이 억센, 강건한

brazen	놋쇠로 만든, 요란한, 뻔뻔스러운
broach	(이야기를) 끄집어내다
browse	~을 먹다, (책 등을) 띄엄띄엄 읽다
brusque	퉁명스러운, 무뚝뚝한
buffer	완충기
bulwark	성채, 방파제, 방어물
bumptious	오만한, 거만한
burgeon	싹틔우다
burly	(몸이) 억센, 실한, 퉁명스러운
butt	표적
byword	상투적인 말, 속담

C

cache	은닉처, 감춰둔 귀중품
cajole	~를 잘 속이다, 구워삶다
callous	딱딱해진, 무감각한 명)callosity
candid	솔직한
candor	솔직
canon	계율, 표준, 기준
cantankerous	심술궂은, 잘 싸우는
captious	흠잡기 잘하는
captivation	매력 동)captivate
cardiac	심장의

cataclysm	격변, 대홍수 *cata+clysm
caustic	신랄한
cerebral	대뇌의 명cerebrum
charlatan	허풍선이, 협잡꾼
chaste	순결한, 정숙한 명chastity
chastise	~을 몹시 비난하다 명chastisement
chauvinism	배타주의 형chauvinistic
chicanery	발뺌, 속임수, 궤변
chide	~에 잔소리를 하다
choleric	화를 잘 내는
chromosome	염색체
circumlocution	에둘러 말하기, 완곡한 표현 *circum+locution
circumvent	~을 포위하다 *circum+vent
citadel	성, 요새, 최후의 거점
clandestine	비밀의, 남몰래 하는
cleave	(나뭇결·벽개면을 따라) 쪼개다, 고수하다
clientele	소송 의뢰인, 단골 손님
clique	도당, 파벌
clog	방해물 동clog
clutter	~을 어지르다
coddle	응석을 받아주다, 버릇없이 키우다
cogent	설득력이 있는 명cogency
combustion	연소, 산화

comely	(여자가) 얼굴이 잘생긴, 미모의 [명]comeliness
comity	예절
commensurate	같은 정도의, 알맞은 [명]commensuration *com+mensurate
commodity	생활용품
commotion	동요, 난동 *com+motion
compendium	대요, 요약, 개론 *com+pendium
compliance	응락, 추종, 굴종
comptroller	(회계 · 은행의) 감사관 *comp+troller
concoct	~을 만들어내다 [명]concoction *con+coct
concomitant	수반하다, 부수하다 [명]concomitance *con+comitant
condone	~을 허락하다
conferment	수여 [동]confer *con+ferment
confound	~을 혼동하다, 뒤죽박죽으로 하다
conglomeration	집괴, 응괴 *con+glomeration
congruity	일치, 조화, 적성 [형]congruous *con+gruity
conjecture	추량 *con+jecture
consortium	연합
construe	~의 의미로 해석하다
consummate	완성된 [명]consummation *con+summate
consummation	완성, 성취, 성과
contagion	감염

contentious	논쟁을 좋아하는 [동]contend [명]contention
contortion	비틀기, 비꼼 [동]contort
contrivance	고안, 계략 [동]contrive
convene	집합하다
convivial	들뜬, 연회를 좋아하는 [명]conviviality *con+vivial
corpulence	비만 [형]corpulent *corpu+lence
counterfeit	모조품, 위조품 *counter+feit
covert	사람 눈에 띄지 않는
coy	수줍어하는, 내성적인
credential	증명서
cringe	(겁이 나서) 움찔하다, 굽실거리다
crumble	(빵 등을) 부스러뜨리다, 가루로 만들다, ~가 붕괴하다
crunch	오독오독(아삭아삭) 깨물다
cryptic	비밀의, 신비적인
culmination	절정 [동]culminate
culpable	유죄의, 비난할 만한
culprit	피고인

D

dally	꾸물거리다, 가지고 놀다
debilitate	쇠약하게 하다 [명]debilitation
decipher	해독 [동]decipher

decorum	예의바름
decrepit	노쇠한, 쇠약해진 * de+crepit
decrepitude	노쇠
decry	~을 비난하다 * de+cry
defection	이반, 배신
deference	복종 동defer
deforestation	삼림벌채, 산림개발, 남벌
defrayment	지불, 지출 동defray * de+frayment
deliverance	구출, 해방
demarcation	구별 동demarcate * de+marcation
demeanor	품행
deportation	추방 동deport
depose	(높은 지위에서) 물러나게 하다
depraved	타락한, 저열한 명depravity * de+praved
depravity	부패, 사악, 방탕
deprecate	비난하다, 반대하다 명deprecation
derision	비웃음, 조소, 조롱 동deride * de+rision
derisive	조소하는, 보잘것없는 * de+risive
despondency	낙담 형despondent
deterrent	방해하는 것, 제지력 동deter * de+terrent
detriment	손실 형detrimental
dexterity	솜씨좋음, 영리함 형dexterous
digression	탈선 동digress

dilute	~을 연하게 하다, 묽게 희석하다 [명] dilution
disparage	~을 더럽히다 [명] disparagement * dis+parage
dispel	~을 흩뜨리다, 쫓아버리다
dispersion	흩뜨림, 산포 [동] disperse
disseminate	(씨를) 뿌리다 [명] dissemination * dis+seminate
dissent	의견을 달리하다
dissipate	(슬픔 · 공포 등을) 없애다 * dis+sipate
divulge	(비밀 등을) 누설하다
domicile	주소
drawl	말하다
dreg	(~s) 잔재, 찌꺼기, 앙금
drudgery	고역, 천한 일
duplicity	표리부동, 두 말을 함, 불성실

E

edifice	대건축물, 건물
eerie	기분 나쁜, 무시무시한
efface	~을 지우다, ~의 그림자를 흐리게 하다
effigy	(화폐 등의) 초상, 조상
effrontery	뻔뻔스러움, 철면피
elate	의기양양하게 하다, 기운을 돋우다, 고무시키다 [명] elation

emanate	발산하다 [명] emanation * e+manate
embellish	~을 장식하다 [명] embellishment
embryonic	태아의
empirical	경험적인 [명] empiricism
encroach	침입하다
enervate	~의 힘을 약하게 하다
enigma	수수께끼 [형] enigmatic
enjoin	~을 명하다, ~을 금지하다
ennui	권태, 따분함
enticing	매혹적인 [동] entice
enunciate	~을 공표하다
envisage	~을 마음에 그리다
equivocal	불확실한, 애매한 * equi+vocal
eschew	~을 피하다
espouse	~와 결혼하다
eulogize	~을 칭찬하다 [명] eulogy
evanescent	순간의, 덧없는 [명] evanescence
evict	~을 퇴거시키다, 축출하다 [명] eviction * e+vict
excerpt	분쇄 * ex+cerpt
exhortation	권고 [동] exhort * ex+hortation
expatiate	상술하다
expedient	편의적인, 형편에 알맞는, 적당한 [동] expedite * ex+pedient

expedite	~을 재촉하다, 진척시키다 형 expedient ∗ex+pedite
expostulate	간언하다, 타이르다 ∗ex+postulate
expound	~을 상술하다, 해설하다 ∗ex+pound
extant	존재하고 있는 ∗ex+tant
extemporaneous	즉석의 ∗ex+temporaneous
extraneous	외부로부터의, 관계가 없는 ∗extra+neous
exuberant	열광적인, (건강이) 넘쳐흐르는 명 exuberance ∗ex+uberant

F

fabricate	~을 조립하다, (전설·거짓말을) 꾸며대다
fabulous	믿어지지 않을 정도의, 멋진
facetious	우스운, 익살맞은 ∗face+tious
fallible	오류에 빠지기 쉬운, 정확하지 않은
fastidious	까다로운, 괴팍스러운
fatuous	우둔한
faux pas	과실
fawn	아양떨다, 아첨하다
feasible	실행할 수 있는
felicitous	적절한
ferment	대소동, 소동, 발효
ferocious	흉폭한 명 ferocity
fervent	열렬한

feud	적의
fleet	빠른
fluctuate	(양·정도 따위가) 변동하다, (의견·감정 따위가) 동요하다 명fluctuation
fluctuation	변동 동fluctuate
forebode	~의 전조(징조)가 되다, 예언하다
forestall	앞지르다, 선수쓰다, 기선을 제압하다
forgo	~을 그만두다 *for+go
foster	~을 기르다, 조장하다
fraudulent	사기(행위)의, 부정의, 속이는 *fraud+ulent
frolic	장난, 까불기 *frol+ic
fulsome	(아첨 등이) 지나친, (음식물 등이) 메스꺼운
furlough	휴가

G

garish	화려한, 번쩍거리는
gauge	~을 평가하다
gaunt	야윈
germinate	발아하다, ~을 발생시키다
gesticulate	손짓으로 말하다
grandiloquent	과장된, 호언장담하는 명grandiloquence *grandilo+quent
grandiose	당당한, 과장된

grate	갈다, 삐걱삐걱 소리내다, 격자를 달다
gregarious	무리를 이루는, 무리의 *gre+garious
grueling	엄한, 녹초로 만드는, 심한
gusto	만족감

H

haggard	야윈, 수척한
hallucinate	~에 환각을 불러 일으키다 몡hallucination
haphazard	우연한, 계획성 없는 *hap+hazard
havoc	대혼란
headlong	성급한, 앞뒤를 가리지 않는
hectic	몹시 바쁜, 열광적인
hegemony	지배권
high-hamded	고압적인
hilarious	들떠서 떠드는 몡hilarity
hoax	~를 속이다
hoist	(돛·기 등을) 올리다
homage	경의
hybrid	잡종의
hypnotic	최면 상태의 몡hypnotism

I

idiosyncrasy	특성

idyllic	전원적인
ignite	~에 점화하다
illegible	읽기 어려운
illicit	위법의, 부정한 * il+licit
imbue	(~에 감정 · 사상 · 의견 등을) 불어넣다 * im+bue
immaculate	흠없는, 완전한 * im+maculate
impair	~을 손상하다 [명] impairment * im+pair
impeachment	탄핵 [동] impeach
impeccable	나무랄 데 없는 * im+peccable
impediment	장해 [동] impede
impending	임박한, 절박한 * im+pending
impertinent	주제넘은, 건방진 * im+pertinent
impinge	치다, 충돌하다, 침해하다 * im+pinge
import	수입; 의미, 중요
impregnable	견고한 * im+pregnable
impresario	흥행주
improvise	~을 즉석에 만들다
inane	어리석은, 공허한 [명] inanity * in+ane
incentive	자극
inception	개시
incisive	통렬한, 예리한 [명] incision [동] incise * in+cisive
incognito	익명 * in+cognito

inculcate	~을 주입시키다 ※in+cul+cate
indelible	지울(씻을) 수 없는 ※in+delible
indigenous	고유의, 타고난
inept	부적당한 몡ineptitude
inert	활발하지 않은 몡inertia
inertia	활발하지 않은 몡inert
inexplicable	설명하기 어려운 ※in+explicable
infallible	절대 오류가 없는, 절대 확실한 ※in+fallible
infamous	악명높은, 수치스러운
infatuation	정신을 잃게 함 동infatuate ※in+fatuation
ingenuous	솔직한, 순수한
inherent	고유의
iniquitous	부정한 몡iniquity
inlaid	(표면에) 상감 세공을 한, (무늬를) 박아넣은
innate	고유의, 타고난, 천성의
inoculate	~에 예방접종하다 몡inoculation ※in+oculate
inscrutable	불가해한, 헤아릴 수 없는, 수수께끼 같은
insinuation	슬며시 들어감, 암시, 영합 동insinuate ※in+sinuation
insipid	무미건조한, 활기 없는, 멋없는
insolvent	지불 불능의
install	~을 장치하다, 설치하다 몡installation

insurgence	반란 [형] insurgent
integrity	성실
inundate	~에 범람하다 [명] inundation
invective	비난
inveigh	큰 소리로 비난하다, 질타하다
inventory	재산(상품) 목록

J

jeer	조롱하다
jocular	익살맞은, 우스꽝스러운
jolt	(마차 등이 승객을) 갑자기 세게 흔들다
jovial	유쾌한, 명랑한
jubilant	(환성을 지르며) 기뻐하는, 환희에 취한
juxtaposition	병렬 [동] juxtapose

L

lapse	상실하다, 무효가 되다, 경과하다
latent	잠재적인
laud	~을 칭찬하다
lethal	죽음을 부르는, 치사의, 치명적인
letup	휴지, 완화
levity	경솔, 변덕
lexicon	사서

liaison	연락
libel	명예훼손 [형] libelous
listless	마음이 내키지 않는, 나른한
listlessness	마음이 내키지 않음, 나른함
litigation	소송
loquacious	수다스러운, 떠들썩한
lore	지식, 학식
lubricate	기름을 칠하다, 매끄럽게 하다
lurid	(눈빛이) 번득이는

M

magnanimous	도량이 넓은, 아량있는 [명] magnanimity * mag+nanimous
memento	기념품
mentor	좋은 조언자
meticulous	사소한 일에 마음을 쓰는 * me+ticulous
mien	태도
misgiving	불안, 염려
mollify	완화시키다, 진정시키다
mores	사회관습
muster	(용기 등을) 불러일으키다, (병사 · 선원 등을) 소집하다

N

nauseous	욕지기 나게 하는, 지겨운
nebulous	성운의, 흐린, 막연한 [명]nebula(성운)
nepotism	친척 등용, 족벌주의
nettle	~를 약오르게 하다, 초조하게 하다
nonchalance	아랑곳하지 않음 [형]nonchalant *non+chalance
nonentity	보잘것없는 사람
novice	초심자
nuptial	결혼(식)의

O

obese	지나치게 살찐, 뚱뚱한
obliterate	~을 지우다, 말소하다, 망각하다
obnoxious	불쾌한, 싫은, 비위 상하는 *ob+noxious
obscenity	외설, 음란 [형]obscene
officious	참견하기 좋아하는, 쓸데없이 친절을 베푸는
opaque	불투명한, 우중충한, 우둔한
ordinance	포고, 법령
ostracism	배척 [동]ostracize
ovation	열렬한 환영
overbearing	건방진, 횡포한, 고압적인
overt	명백한, 공공연한

부록 | PART 2

overture	제안, 서장 *over+ture

P

palpable	만져볼 수 있는, 명백한
parity	동등, 동격, 유사
parley	담판, 토의
patriarch	가부장
paucity	결핍
pawn	전당잡히다
pecuniary	금전상의
penitent	후회하고 있는
peremptory	절대적인, 단호한 *per+emptory
perfunctory	마지못해 하는, 형식적인 *per+functory
permeate	(액체 등이) ~에 배어들다, 스며들다
pernicious	파괴적인, 유해한 *per+nicious
perpetrate	~을 범하다 몡 perpetration
pert	뻔뻔한, 활발한
peruse	~을 정독(숙독)하다, ~을 잘 알아보다
philanthropy	박애 *philan+thropy
pilfer	~을 (슬쩍) 훔치다
pillage	~을 약탈하다
plagiarism	표절, 도용
platitude	평범, 진부

plunder	~을 약탈하다
polyglot	수개국어에 능통한 사람
precept	교훈, 격언 *pre+cept
preclude	~을 배제하다, 방해하다 [명]preclusion
precursor	선구자, 선배 *pre+cursor
predatory	약탈하는; 동물을 잡아먹는
predicament	곤경, 궁지 *pre+dicament
predilection	기호, 애호 *pre+dilection
presumptuous	뻔뻔한 *pre+sumptuous
privation	결핍
probe	~을 엄밀히 조사하다
proclivity	경향, 기질 *pro+clivity
procrastinate	질질 끌다 *pro+crastinate
procrastination	질질 끄는 것 [동]procrastinate *pro+crastination
profuse	헤픈, 낭비하는 [명]profusion *pro+fuse
profusion	풍부, 사치
progeny	자손
promontory	갑(岬), 곶 *prom+ontory
propensity	경향 *pro+pensity
protocol	외교의례, 〈컴퓨터〉 통신 규약
pseudonym	가명, 아호
purloin	~을 훔치다

부록 | PART 2

Q

quagmire	수렁, 곤경
qualm	양심의 가책, 불안
quorum	(의결에 필요한) 정족수
quota	몫, 할당액(량)

R

radius	〈수학〉 반경
ramification	분지, 세분화
ransack	~을 철저하게 탐색하다, 약탈하다
rapprochement	(국가 간의) 화해
recapitulate	~을 요약하다 *re+capitulate
reciprocate	~에 보답하다, 답례하다 *re+ciprocate
recrimination	되받아 비난하는 것, 맞고소 동recriminate
rectitude	공정
recuperative	회복시키는, 회복력이 있는 명recuperation *recu+perative
redolent	향기 좋은 명redolence
redundant	말이 많은, 장황한
refractory	다루기 힘든
reimburse	돈을 갚다, 변제하다 명reimbursement
relegate	~를 좌천시키다, 쫓아내다

relentless	냉혹한, 무정한	
remuneration	보수, 보상	동 remunerate
renovate	~을 새롭게 하다	명 renovation
reparation	배상	
repast	식사	
repercussion	반향	
replica	복제	
repository	저장소, 창고	동 reposit
repress	~을 억누르다	명 repression
reprimand	~을 질책하다, 징계하다	
reprisal	보복	
reproach	~을 책망하다	
repudiate	~을 거절하다	명 repudiation
requisite	필요 조건	
respite	일시적 중단, 한 숨 쉼	*re+spite
restitution	반환, 상환	
retract	~을 철회하다	*re+tract
retribution	보복	
revelation	폭로, (신의) 계시	동 reveal
roster	명부	
rotund	둥근, 토실토실 살찐	

rout	~을 패주시키다, 완패시키다
rudimentary	근본의 *rudi+mentary
rummage	~을 샅샅이 뒤지다, 찾아내다
rumple	(옷·종이 등을) 구기다, 헝클어뜨리다
ruthless	무자비한, 잔인한

S

sagacity	현명, 명민 ⑱sagacious
sarcasm	풍자 ⑱sarcastic
savor	맛
scapegoat	남의 죄를 대신 지는 사람, 희생양
schism	분열
semblance	외관, 유사
senile	노쇠한, 고령의 ⑱senility
sever	~을 절단하다, 사이를 끊어놓다 ⑱severance
shackle	족쇄, 구속
shibboleth	암호, 표어 *shib+boleth
sibling	형제, 자매
skirmish	전초전, 작은 충돌, 작은 논쟁; 승강이
slacken	느슨해지다, ~을 늦추다
slovenly	단정치 못한
smug	혼자 잘난 체하는, 점잖은 체하는
snug	아늑한, 옷처럼 꼭 맞는

spasmodic	경련성의, 돌발적인 명 spasm *spas+modic
sporadic	산발적인, 돌발적인
sprightly	활발한
spurn	~를 쫓아내다, 일축하다
squalid	누추한, 더러운
stalk	~에 몰래 다가가다
stark	완전한, 황량한, 굳은
status quo	현상
stereotype	고정관념
stigma	오점
stipend	연금, 장학금
stipulate	계약조항으로 규정하다, 명기하다 명 stipulation
stratagem	전략, 계략, 모략
stringent	엄중한; 절박한; 금융이 궁핍한; 설득력있는
stultify	바보같이 보이게 하다; 망쳐 놓다; 무의미하게 하다
stun	기절시키다, 아연하게 하다
subjugation	정복, 복종 *sub+jugation
subordinate	복종시키다 *sub+ordinate
subsist	생존하다, 생계를 세우다; 부양하다 명 subsistence *sub+sist
substantiate	실체화하다, 실증하다 *sub+stantiate
subterfuge	핑계, 구실; 속임수

succulent	수분이 많은; 흥미진진한 *suc+culent
sundry	여러가지의, 잡다한
superb	굉장히 좋은, 훌륭한
supercilious	남을 깔보는, 거만한 *super+cilious
supplant	(책략·강압적 수단으로) 대신 들어앉다, 찬탈하다 *sup+plant
supplication	간청, 애원; 기원
surmise	추측하다, ~이 아닌가 하고 생각하다 *sur+mise

T

tantamount	(가치·힘·효과 등이) 동등한, 같은; 상당하는 *tanta+mount
tart	맛이 얼얼한; 신; 표현이 날카로운, 신랄한
taut	(밧줄 등이) 팽팽하게 당겨진, (말 등이) 간결한
teem	충만하다; 우글우글하다
teetotaler	금연주의자
tentative	시험적인, 임시의
tenuous	희박한, 내용이 빈약한
tepid	미지근한; 열성이 없는
terse	간결한; 짜임새있는
tortuous	꼬불꼬불한, 비꼬인, 마음이 삐뚤어진
toxic	독의, 유독한, 중독의
traumatic	외상의, 외상치료용의; 정신적 쇼크의 ⓥtrauma

tribulation	고난
trivial	보잘것 없는
turnpike	유료 고속도로 *turn+pike

U

ultimatum	최종 제안
unison	일치
upheaval	융기; 대변동
upshot	결론
upstart	벼락부자
urbane	세련된
usurp	(왕위 따위를) 빼앗다 *u+surp

V

vacate	물러나다, 비우다 *va+cate
vapid	(음료 등이) 김빠진, 활기가 없는 명vapidity
venal	매수되기 쉬운 명venality
venerable	존경할 만한 동venerate
veritable	진짜의
vicissitude	영고성쇠, (인생의) 파란 곡절
vie	우열을 겨루다, 다투다
vigil	철야
vindication	변명 동vindicate

virile	남자다운 몡 virility
virtuoso	대가

W
waver	흔들리다, 동요하다
winsome	애교있는
witticism	재담, 익살, 경구

Z
zenith	정점, 절정

·I·N·D·E·X·

A

- [ ] abase 123
- [ ] abate 22
- [ ] abduct 125
- [ ] aberrant 212, 242
- [ ] aberration 212
- [ ] abhor 53, 126
- [ ] abhorrence 53
- [ ] abhorrent 53
- [ ] abject 56, 126
- [ ] ablaze 124
- [ ] abound 112
- [ ] abrupt 95
- [ ] absolution 99
- [ ] absolve 99, 126
- [ ] abstain 107
- [ ] abstruse 111
- [ ] abundant 112
- [ ] abuse 113, 126, 163
- [ ] abusive 242
- [ ] accede 27
- [ ] accept an order 163
- [ ] access 27
- [ ] accession 242
- [ ] acclimatization 242
- [ ] accord 30
- [ ] accordance 30
- [ ] accordingly 30
- [ ] ache for 212
- [ ] ache to do 212
- [ ] acquaint 212
- [ ] acquaintance 212
- [ ] acquiesce 242
- [ ] acquiescence 242
- [ ] acquire 92
- [ ] acquit 242
- [ ] acrimonious 242
- [ ] acrimony 242
- [ ] act of God 155
- [ ] ad agent 151
- [ ] adapt 126
- [ ] additional order 163
- [ ] adequate 39, 212
- [ ] adhere 52, 126
- [ ] adhere to 168
- [ ] adherent 52
- [ ] adhesion 52
- [ ] adjoin 126
- [ ] adjournment 242
- [ ] adjustment 155
- [ ] admiration 80
- [ ] admittedly 239
- [ ] adolescence 212
- [ ] adolescent 212
- [ ] adornment 242
- [ ] adulation 242
- [ ] adulteration 242
- [ ] advance 150
- [ ] adversary 168
- [ ] adverse 116, 127
- [ ] advocate 120
- [ ] affect 39
- [ ] affectation 242
- [ ] affidavit 242
- [ ] affiliate 168
- [ ] affiliated company 151
- [ ] affiliation 242
- [ ] affinity 242
- [ ] affirm 212

색인 | Index

- affirmation 212
- affirmative 212
- afflict 212
- affliction 212, 242
- affordable 168
- affront 242
- agent 151
- aggrandizement 242
- aggravate 50
- aggravation 242
- aggregate 243
- aggress 48
- agile 212
- agility 213
- agitate 213
- agitation 213
- agitator 213
- agreement 162
- agricultural products 153
- akin 59
- alacrity 243
- alien 12
- alienate 12
- alienate 168
- alignment 243
- allege 213
- allegedly 213
- allocate 64, 168
- allude 66
- along the way 168
- along with 168
- aloof 168
- altar 12, 13
- alternate 12
- alternative 12

- altimeter 13
- altitude 13
- altruism 12, 243
- amalgamation 243
- amass 124
- amateur 13
- amaze 125
- ambidextrous 243
- ambit 56
- amend 164
- amiable 13
- amicable 14
- amicable settlement 156
- amid 73
- amity 14
- amorist 14
- amorous 14
- amorphous 243
- amount 83
- ample 243
- amputation 243
- amuse 125
- analogy 65
- anarchism 17
- anarchy 17, 124
- anatomy 109
- ancestor 27
- anchor 15
- angle 15
- angler 15
- anguish 14
- angular 15
- anhydrous 124
- animalcule 147
- animate 15

271

- ☐ animation 16
- ☐ animosity 243
- ☐ annihilate 127
- ☐ announce 86
- ☐ annul an order 163
- ☐ anonymous 85
- ☐ antibiotic 24
- ☐ anticlimax 243
- ☐ antithesis 243
- ☐ antonym 213
- ☐ anxiety 14
- ☐ anxious 15
- ☐ apathy 124
- ☐ apology 156
- ☐ appall 213
- ☐ appalling 213
- ☐ apparatus 87
- ☐ apparently 239
- ☐ appease 243
- ☐ appreciate 213
- ☐ appreciation 213
- ☐ apprehend 213
- ☐ apprehension 213
- ☐ apprise 243
- ☐ approbation 243
- ☐ apt 168
- ☐ aquarium 16
- ☐ aquatic 16
- ☐ aqueduct 16
- ☐ arbitration 168
- ☐ arbitrator 156
- ☐ archbishop 17
- ☐ arid 243
- ☐ arise 125
- ☐ aristocracy 214

- ☐ aristocrat 214
- ☐ aristocratic 214
- ☐ armada 17
- ☐ armament 17
- ☐ armour 17
- ☐ arouse 125
- ☐ array 169
- ☐ arrest 213
- ☐ article 153
- ☐ articles for sale 153
- ☐ articles of consumption ... 153
- ☐ artifice 243
- ☐ artless 243
- ☐ as opposed to 230
- ☐ ashore 124
- ☐ asperity 243
- ☐ aspersion 243
- ☐ assail 97, 214
- ☐ assailant 214
- ☐ assassin 214
- ☐ assassinate 214
- ☐ assassination 214
- ☐ assets 160
- ☐ assiduity 243
- ☐ assiduous 244
- ☐ assignment 162
- ☐ assuage 244
- ☐ assume 104
- ☐ assumption 104
- ☐ assure 105
- ☐ asterisk 18
- ☐ astrology 18
- ☐ astronomy 18
- ☐ astute 169
- ☐ at any rate 214

색인 | Index

- at the risk of ~ 156
- at this rate 214
- atheism 124
- atom 109
- atonement 244
- atrocity 244
- attach 106, 157
- attire 169, 244
- atypical 125
- auction 19
- audible 19
- audience 19
- audit 19
- audition 19
- auditor 20
- auditorium 20
- augment 19
- augmentation 244
- august 19, 244
- auspice 21, 101, 244
- auspicious 21
- authentic 214
- authenticity 214
- autobiography 20, 24
- autocrat 20
- autograph 49
- autonomy 20
- autonym 20
- avarice 244
- average quality 158
- avert 117
- avian 21
- aviary 21
- aviation 21
- award 123, 156

B

- back down 169
- back to square one 169
- backlog 169
- bad apple 169
- bad quality 158
- bail 244
- bail out 169
- banal 244
- banknote 169
- bankrupt 95
- barometer 77
- barrel 21
- barrier 21
- bash 244
- basically 239
- battalion 22
- battle 22
- battleship 22
- be after 169
- be game 169
- be highly estimated 159
- be in great shape 169
- be insured for ~ 156
- be opposed to 230
- be up to one's ears 170
- be warmly received 159
- be well accepted 159
- bear 214
- bearing 214, 244
- bearish 150
- bedlam 244
- before we know it 170
- before you know it 170

273

☐ behoove 244	☐ biographer 24
☐ beleaguer 244	☐ biography 49
☐ belie 244	☐ biologist 24
☐ believe it or not 170	☐ biology 24
☐ bellicose 23, 244	☐ biotic 24
☐ bellicosity 244	☐ bland 245
☐ belligerence 244	☐ blast 170
☐ belligerent 23	☐ blatant 245
☐ benediction 36, 127	☐ blemish 245
☐ benefaction 127	☐ blight 245
☐ benefactor 40, 127, 244	☐ blind 215
☐ beneficence 245	☐ blindly 215
☐ beneficial 127	☐ blink 215
☐ beneficiary 245	☐ bliss 215
☐ benefit 127	☐ blissful 215
☐ benevolence 128	☐ bloat 245
☐ benevolent 121	☐ blow 170
☐ benign 245	☐ blow a fuse 170
☐ bequeath 245	☐ blow something out of proportion 171
☐ beseech 245	☐ blow the whistle 171
☐ betroth 245	☐ blunt 171
☐ betrothal 245	☐ bogus 245
☐ between jobs 170	☐ boisterous 245
☐ bibliography 23	☐ book 213
☐ bibliomania 70	☐ booklet 148
☐ bibliophile 23	☐ boom 150
☐ bidding 245	☐ boon 128
☐ Big Brother 170	☐ boorish 245
☐ big shot 170	☐ booty 245
☐ bilateral 214	☐ bottom line 171
☐ bill of sale 170	☐ bountiful 245
☐ billing 170	☐ bounty 245
☐ bimbo 170	☐ braggart 146
☐ binge 170	☐ brain wave 215
☐ biochemistry 24	

- brainless ... 215
- brainwashing ... 215
- branch office ... 151
- brand-happy ... 171
- brash ... 245
- bravado ... 245
- brawl ... 245
- brawny ... 245
- brazen ... 246
- breach of contract ... 162
- bring a civil suit ... 171
- broach ... 246
- brochure ... 160
- browse ... 171, 246
- brusque ... 246
- buck ... 171
- buffer ... 246
- bug ... 171
- bull session ... 171
- bullet ... 148
- bullish ... 150
- bulwark ... 246
- bumptious ... 246
- bunch ... 215
- bundle ... 215
- bundle of money ... 171
- burgeon ... 246
- burly ... 246
- business background ... 152
- business cycle ... 171
- business deal ... 171
- business dealings ... 160
- business turnover ... 161
- butt ... 246
- by another mail ... 158
- by any chance ... 171
- by return ... 158
- by(e)-election ... 128
- by-talk ... 128
- by-work ... 129
- bylaw ... 128
- byname ... 128
- byproduct ... 128
- byword ... 246

c

- cablegram ... 49
- cache ... 246
- cajole ... 246
- callous ... 246
- cancel ... 165
- cancel an order ... 163
- candent ... 25
- candescent ... 26
- candid ... 246
- candidate ... 26
- candle ... 26
- candor ... 26
- canon ... 246
- cantankerous ... 246
- capacity ... 161
- captious ... 246
- captivation ... 246
- cardiac ... 246
- cargo ... 26
- carnal ... 27
- carnival ... 27
- carnivore ... 122
- cart ... 26

275

- cascade 25
- casual 25
- cataclysm 172, 247
- catalyst 129
- catastrophe 129
- catch on 172
- category 129
- caustic 247
- cellular telephone 172
- Census Bureau 172
- cerebral 247
- Chamber of Commerce and Industry 161
- charlatan 247
- chaste 247
- chastise 247
- chauvinism 247
- cheap quality 159
- chicanery 247
- chide 247
- choleric 247
- chow down 172
- chromosome 247
- cinch 172
- circuit 129
- circulate 172
- circumference 129
- circumlocution 247
- circumscribe 130
- circumstance 130
- circumvent 247
- citadel 247
- civil 215
- civilian 215
- civilization 215
- civilize 215
- civilized 215
- claim on ~ 156
- clandestine 247
- clean up the mess 172
- cleave 247
- clerical mistake 156
- client 152
- clientele 247
- clique 247
- clog 247
- cluster 172
- clutter 172, 247
- co-education 130
- coax someone into 172
- coddle 247
- cogent 247
- cognate 130
- cohabit 130
- cohere 52, 130, 216
- coherence 130, 216
- coherent 52, 216
- cohesion 52
- coincide 25
- coincidence 131
- collaborate 60, 131
- collapse 150, 131
- collocate 64, 131
- collocation 64
- colloquial 65, 131
- colloquy 131
- combat 22
- combustion 247
- comely 248
- comity 248

색인 | Index

- commemorate 75
- commensurate 248
- comment 75
- commodity 153, 248
- common good 172
- commotion 248
- compel 89
- compendium 248
- compensate 216
- compensation 156, 216
- competence 216
- competent 216
- competitor 152
- complaint 156
- complement 216
- compliance 248
- compliment 216
- compromise 156
- comptroller 248
- compulsory 89
- concave 216
- concede 132, 216
- conceive 132
- concession 216
- conciliate 216
- conciliation 156, 216
- conclude 29
- concoct 248
- concomitant 248
- concord 30, 132
- concourse 132
- condemn 35, 133
- condense 133
- condone 172, 248
- conferment 248
- confide 41, 173, 216
- confidence 41, 217
- confident 217
- confidential 158, 217
- confidentially 217
- confine 43, 217
- confinement 217
- confirm 165
- confirm an order 163
- confluent 44
- confound 248
- confuse 46
- conglomeration 248
- congruity 248
- conjecture 56, 248
- conjunction 58
- conquest 92
- consequence 217
- consequently 217
- consider 217
- considerable 217
- consideration 217
- consistency 217
- consistent 217
- consistently 217
- consolation 217
- console 217
- consolidate 98
- consolidation 98
- consonant 100
- consortium 248
- conspicuous 101
- conspiracy 132, 217
- conspire 218
- constellation 132

277

- constituency 218
- constitute 218
- constitution 218
- constitutional 218
- constrain 218
- constraint 218
- construe 248
- consume 104
- consummate 248
- consummation 248
- consumption 104
- contagion 106, 218, 248
- contagious 218
- contain 107
- contemplate 218
- contemplation 218
- contend with 173
- content 107
- contentious 249
- contingent 173
- contort 109
- contortion 249
- contour 110
- contraband 133
- contract 162
- contracted goods 153
- contradict 133, 218
- contradiction 218
- contradictory 218
- contravene 133
- contrivance 249
- controversy 133
- convene 249
- convenience 116
- convention 116
- convex 216
- convict 118, 218
- conviction 118, 218
- convince 118, 218
- convinced 219
- convincing 219
- convivial 249
- convoke 120
- convoy 118
- cooperate 131
- cordial 30
- cordially 31
- corporal punishment 173
- corporate membership ... 173
- corpulence 249
- correct 134
- correspondent bank 165
- corrode 134
- corrupt 134
- corruption 95
- cost a packet 173
- cost of living 173
- count someone out 173
- counteract 133
- counteraction 134
- counterfeit 249
- countermeasure 173
- countervail 115
- courage 31
- courageous 31
- covert 249
- coy 249
- cram with 173
- craving for 173
- credential 249

색인 | Index

- credentials ... 173
- credible ... 32
- credit ... 32, 173
- credit analysis ... 161
- credit rating ... 173
- credit standing ... 161
- creditor ... 32
- credulous ... 32
- creed ... 32
- crime ... 32
- criminal ... 32
- criminal record ... 174
- cringe ... 249
- crisis ... 33
- criterion ... 33
- cross fire ... 174
- cross-examination ... 33
- crosswise ... 33
- crucial ... 174
- crucify ... 33
- cruise ... 33
- crumble ... 249
- crunch ... 249
- crunch the numbers ... 174
- crusade ... 34
- cryptic ... 249
- culmination ... 249
- culpable ... 249
- culprit ... 174, 249
- cure ... 34
- curio ... 34
- curious ... 34
- customer ... 152
- cut a deal ... 174
- cut a deal with ... 174
- cut back ... 174
- cut back on ... 174
- cut out ... 174
- cutting-edge technology ... 174

D

- dally ... 249
- damage ... 35
- damnation ... 35
- day off ... 174
- day-to-day ... 175
- daylight robbery ... 175
- dead giveaway ... 175
- debase ... 134
- debenture ... 35
- debilitate ... 249
- debt ... 35, 161
- debtor ... 36
- decadence ... 25
- decay ... 134, 219
- decipher ... 249
- decline ... 135, 150
- decline an order ... 163
- decorum ... 250
- decrepit ... 250
- decrepitude ... 250
- decry ... 250
- dedicate ... 36, 219
- dedicated ... 219
- dedication ... 219
- deface ... 40, 175
- defame ... 41, 135
- defect ... 156
- defection ... 250

- ☐ defective goods 154, 156
- ☐ deference 250
- ☐ deforestation 250
- ☐ defrayment 250
- ☐ defy 136
- ☐ degradation 135
- ☐ degrade 48
- ☐ dehydrate 136
- ☐ deject 56
- ☐ deliverance 250
- ☐ delude 61, 67
- ☐ deluge 219
- ☐ delusion 219
- ☐ delusive 219
- ☐ demarcation 250
- ☐ demeanor 250
- ☐ demographic 175
- ☐ demoralize 136
- ☐ denomination 219
- ☐ denounce 86, 219
- ☐ deploy 175
- ☐ deportation 250
- ☐ depose 135, 250
- ☐ deposit 135
- ☐ depraved 250
- ☐ depravity 250
- ☐ deprecate 250
- ☐ depreciate 219
- ☐ depreciation 219
- ☐ depress 135
- ☐ derail 136
- ☐ derision 250
- ☐ derisive 250
- ☐ derivation 219
- ☐ derivative 94
- ☐ derive 94, 219
- ☐ descend 135
- ☐ desist 98, 136
- ☐ desolate 100
- ☐ desolation 100
- ☐ despondency 250
- ☐ destroy 157
- ☐ detach 106, 220
- ☐ detachment 220
- ☐ detain 107
- ☐ deteriorate 220
- ☐ deterioration 220
- ☐ deterrent 250
- ☐ detour 110, 136
- ☐ detriment 250
- ☐ deviate 118, 136, 220
- ☐ deviation 220
- ☐ devolve 121
- ☐ devour 122
- ☐ dexterity 250
- ☐ diagram 49
- ☐ diameter 77
- ☐ dictator 36
- ☐ diction 36
- ☐ die out 219
- ☐ diffidence 41
- ☐ diffuse 46
- ☐ digress 48
- ☐ digression 250
- ☐ dilute 251
- ☐ dimension 72
- ☐ diminish 80
- ☐ disable 137
- ☐ disarm 18, 137
- ☐ disarmament 18

색인 | Index

- disaster 18
- discharge 26
- disclose 29
- discord 31
- discourage 31
- discredit 137
- discreet 220
- discretion 220
- discriminate 33
- disenchantment 175
- disengage 138
- disfigure 42
- disgruntled 175
- dishonest 138
- dismiss 81, 137
- dismissal 81
- dismount 83
- disorder 138, 220
- disparage 251
- disparity 175
- dispatch 175, 220
- dispel 89, 137, 220, 251
- dispersion 251
- displease 220
- displeased 220
- disport 137
- dispute 91
- disrupt 95
- disseminate 251
- dissent 251
- dissipate 251
- dissolute 99
- dissonant 101
- distance learning 175
- distemper 106
- distinct 103, 107
- distinction 107, 175
- distinguish 103, 220
- distinguished 220
- distort 110
- distract 137
- distributor 152
- distrust 138
- disturb 111
- disuse 113
- diverge 221
- divergence 221
- divergent 221
- diverse 221
- diversify 221
- divulge 251
- docile 37
- doctrine 37
- document 37
- dogma 37
- dogmatic 38
- domestic 38
- domestic products ... 154
- domicile 38, 251
- dominate 38
- dominion 39
- doubting Thomas ... 175
- downbeat 175
- downsized 176
- draw up a contract ... 162
- drawl 251
- dreg 251
- drive a hard bargain ... 176
- drudgery 251
- drug abuse 176

281

- ☐ drunkard 147
- ☐ dud 176
- ☐ dump 176
- ☐ duplicate 162
- ☐ duplicity 251
- ☐ dutiful 36
- ☐ dwell 221
- ☐ dweller 221
- ☐ dwelling 221
- ☐ dysfunction 176

E

- ☐ earth-friendly 176
- ☐ easy 150
- ☐ easy prey 176
- ☐ easygoing 176
- ☐ ecological institute 176
- ☐ economic recovery 150
- ☐ edifice 251
- ☐ eerie 251
- ☐ efface 40, 251
- ☐ effect insurance on ~ 157
- ☐ effigy 251
- ☐ effort 45
- ☐ effrontery 251
- ☐ effuse 46
- ☐ eject 56
- ☐ elaborate 60, 221
- ☐ elaboration 221
- ☐ elate 251
- ☐ elect 61
- ☐ elevate 63
- ☐ elocution 65
- ☐ elocutionist 65
- ☐ eloquent 65
- ☐ elucidate 68
- ☐ elusion 67
- ☐ emanate 252
- ☐ emancipate 70
- ☐ emancipation 70
- ☐ embalm 176
- ☐ embargo 22
- ☐ embarrass 22, 138, 221
- ☐ embarrassing 221
- ☐ embarrassment 221
- ☐ embellish 252
- ☐ embodiment 221
- ☐ embody 221
- ☐ embryonic 252
- ☐ emerge 76
- ☐ emergency 76
- ☐ emigrant 78
- ☐ eminence 221
- ☐ eminent 221
- ☐ emit 81
- ☐ emphatically 176
- ☐ empirical 252
- ☐ employee benefit 177
- ☐ encase 138
- ☐ enchant 138
- ☐ enclose 29, 139, 158
- ☐ encourage 31
- ☐ encouragement 31
- ☐ encroach 252
- ☐ endear 139
- ☐ enervate 252
- ☐ engage 139
- ☐ enigma 252
- ☐ enjoin 252

색인 | Index

- enjoy a high reputation 159
- ennui 252
- enrich 139
- enslave 139
- ensure 105
- enticing 252
- enunciate 252
- enunciation 86
- environmental crisis 177
- envisage 252
- epigram 49
- epitome 109
- equanimity 39
- equator 39
- equinox 39
- equivocal 120, 252
- eradicate 177
- erupt 95
- eschew 252
- espouse 252
- eulogize 252
- evacuate 114
- evade 114
- evanescent 252
- even if I do say so myself 203
- evict 252
- evidence 119
- evident 119
- evolve 121
- ex-husband 141
- ex-premier 141
- ex-president 141
- exalt 13, 140
- exaltation 13
- exceed 139
- excellent quality 159
- excerpt 252
- excess 28
- excess staffing 177
- exchange contracts 162
- excite 28
- exclude 29
- exhale 140
- exhibit 51
- exhilarate 140
- exhort 140
- exhortation 252
- exist 98
- exit 140
- expatiate 252
- expedient 252
- expedite 253
- expel 90, 140
- expenditure 90
- expense item 177
- expiration 162
- expire 165
- expiry 162, 165
- explicit 222
- exporter 152
- expose 140
- expostulate 253
- expound 253
- expulsion 177
- extant 253
- extemporaneous 253
- extend 107, 165
- extinct 103
- extort 110
- extract 222

- extraction 222
- extraneous 253
- extravagance 115
- extravagant 115
- extrude 111
- exuberant 253
- eye-opener 177

F

- fabric 177
- fabricate 253
- fabulous 177, 253
- facetious 177
- facetious 253
- factory 40
- facts and figures 177
- faculty member 177
- fair quality 159
- fallible 253
- fame 41
- fastidious 253
- fat and happy 178
- fatalities 178
- fatuous 253
- faux pas 253
- fawn 253
- feasible 253
- feel ostracized 178
- felicitous 253
- ferment 253
- ferocious 253
- fervent 253
- feud 254
- fiction 42
- fidelity 42
- field research 178
- figment 42
- figurative 42
- figure 42
- figurehead 43
- fill an order 164
- financial standing 161
- financial strategy 178
- find out the hard way 178
- findings 178
- fine 43
- finite 43
- flame 44
- flamingo 44
- flammable 44
- flatter 222
- flattering 222
- flattery 222
- fleet 254
- flier[flyer] 160
- flow 44
- fluctuate 45, 150, 254
- fluctuation 254
- fluent 45
- fluid 45
- flush 45
- food stuff 154
- forebears 178
- forebode 254
- foreign products 154
- forestall 254
- forge 222
- forgery 178, 222
- forgo 254

색인 | Index

- [ ] fork out 178
- [ ] fort 45
- [ ] forte 45
- [ ] fortify 46
- [ ] fortitude 46
- [ ] foster 254
- [ ] frail 222
- [ ] frailty 222
- [ ] fraudulent 254
- [ ] freak 178
- [ ] frivolous 178
- [ ] frolic 254
- [ ] from dawn to dusk 178
- [ ] from what I gather 203
- [ ] from what I hear 178
- [ ] frothy 179
- [ ] full refund 179
- [ ] fulsome 254
- [ ] fumigate 179
- [ ] fund-raiser 179
- [ ] furlough 254

G

- [ ] gadget 179
- [ ] garbage can 179
- [ ] garish 254
- [ ] gauge 254
- [ ] gaunt 254
- [ ] general merchandise 154
- [ ] generate 47
- [ ] generator 47
- [ ] genius 47
- [ ] genuine 47
- [ ] geography 47
- [ ] geology 48
- [ ] geometry 48, 77
- [ ] germinate 254
- [ ] gesticulate 254
- [ ] get a word in edgewise ... 179
- [ ] get across 179
- [ ] get ahead 179
- [ ] get an edge on 179
- [ ] get an order 164
- [ ] get busted on 179
- [ ] get down to 179
- [ ] get involved with 180
- [ ] get kicked out 180
- [ ] get one's point 180
- [ ] get organized 180
- [ ] get reimbursed 180
- [ ] get shot down 180
- [ ] get stung 180
- [ ] get the ball rolling 180
- [ ] get the message 180
- [ ] get the picture 180
- [ ] get the point across 180
- [ ] get through 180
- [ ] glance 222
- [ ] glimpse 222
- [ ] glorious 222
- [ ] glory 222
- [ ] go into high gear 180
- [ ] go off the rails 180
- [ ] good quality 159
- [ ] goods 154
- [ ] goods in hand 154
- [ ] goods in stock 154
- [ ] goof 181
- [ ] grade school 181

285

- [ ] gradual 48
- [ ] grandiloquent 254
- [ ] grandiose 254
- [ ] grant 181
- [ ] graphic 50
- [ ] grate 285
- [ ] grave 50
- [ ] gravitation 50
- [ ] gravity 50
- [ ] green stuff 154
- [ ] greenhouse effect 181
- [ ] gregarious 255
- [ ] grievance 181
- [ ] grim 181
- [ ] grueling 181, 255
- [ ] gun down 181
- [ ] gusto 255

H

- [ ] habitual 51
- [ ] haggard 255
- [ ] hallucinate 255
- [ ] haphazard 255
- [ ] happy-go-lucky 51
- [ ] hardware 154
- [ ] hassle 181
- [ ] have a ball 181
- [ ] have a good reputation .. 159
- [ ] have a look-see 181
- [ ] have one's hands full 181
- [ ] have the makings of 182
- [ ] havoc 255
- [ ] hazard 222
- [ ] hazardous 223
- [ ] head office 152
- [ ] headlong 255
- [ ] health nut 182
- [ ] hectic 255
- [ ] hegemony 255
- [ ] hemisphere 103
- [ ] herbivore 122
- [ ] here and elsewhere 182
- [ ] hereditary 223
- [ ] heredity 223
- [ ] heterodox 38
- [ ] high-hamded 255
- [ ] hilarious 255
- [ ] hip 182
- [ ] hit on 182
- [ ] hoax 255
- [ ] hoist 255
- [ ] hold out 182
- [ ] homage 53, 255
- [ ] homicide 53
- [ ] honor 223
- [ ] honorable 223
- [ ] horrid 53
- [ ] horrify 53
- [ ] hot seat 182
- [ ] House of Commons 223
- [ ] House of Councilors 223
- [ ] House of Lords 223
- [ ] House of Representatives 223
- [ ] household stuff 154
- [ ] housing complex 182
- [ ] human resources 182
- [ ] humanity 54
- [ ] humble 54
- [ ] humiliate 54

색인 | Index

- humility 54
- hybrid 255
- hydroge 47
- hypnotic 255

I

- I bet ~ 203
- I mean ~ 204
- I'd say ~ 204
- idealization 223
- idealize 223
- ideally 223
- idiosyncrasy 255
- idyllic 256
- ignite 256
- illegible 256
- illicit 182, 256
- illiterate 62
- illuminate 68
- illusion 67
- illustrious 68
- imbue 256
- immaculate 256
- immediately 73
- immense 72
- immigrant 78
- immigrate 78
- immortal 84
- immortality 84
- impair 256
- impaired 182
- impartial 223
- impeachment 256
- impeccable 256
- impede 89
- impediment 256
- impend 90
- impending 91, 256
- impertinence 224
- impertinent 224, 256
- impinge 256
- implement 182
- implicit 222
- import 256
- importer 152
- impregnable 256
- impresario 256
- improve 150
- improvise 119, 256
- impute 91
- in a huff 183
- in a way 183
- in one's neck of the woods ....
  183
- in one's own backyard 183
- in real terms 183
- in the know 183
- in the works 183
- in-house training 183
- inadequate 212
- inane 256
- inanimate 16
- incarnate 27
- incentive 256
- inception 256
- incident 25, 224
- incidental 224
- incidentally 224
- incisive 256

287

- ☐ incite 28
- ☐ include 30
- ☐ incognito 256
- ☐ incoming 158
- ☐ inculcate 257
- ☐ incursion 183
- ☐ indebted 36
- ☐ indelible 257
- ☐ indemnify 35
- ☐ indemnity 35
- ☐ indent 141
- ☐ indicate 37
- ☐ indifference 224
- ☐ indifferent 224
- ☐ indigenous 183, 257
- ☐ inept 224, 257
- ☐ ineptitude 224
- ☐ inert 257
- ☐ inertia 257
- ☐ inexplicable 257
- ☐ infallible 257
- ☐ infamous 257
- ☐ infamy 41
- ☐ infatuation 257
- ☐ infect 40
- ☐ infer 224
- ☐ inference 224
- ☐ inferior 54
- ☐ inferior quality 139
- ☐ infernal 56
- ☐ inferno 56
- ☐ infidel 42
- ☐ infinite 43, 224
- ☐ infinitive 224
- ☐ infinity 224
- ☐ inflame 44
- ☐ inflammable articles 154
- ☐ inflammation 44
- ☐ inflate 141
- ☐ infuse 46, 141
- ☐ ingenious 47, 257
- ☐ inhale 142
- ☐ inhere 52
- ☐ inherent 257
- ☐ inherit 224
- ☐ inheritance 224
- ☐ inhibit 51
- ☐ inhuman 54
- ☐ iniquitous 257
- ☐ initiate 56
- ☐ inject 57
- ☐ injection 57
- ☐ injustice 58
- ☐ ink a contract 183
- ☐ inlaid 257
- ☐ innate 257
- ☐ innocuous 183
- ☐ innovate 86
- ☐ innovation 86
- ☐ inoculate 257
- ☐ inquest 92
- ☐ inquire 92
- ☐ inquisition 92
- ☐ insane 96
- ☐ insatiability 97
- ☐ inscrutable 257
- ☐ insinuation 257
- ☐ insipid 257
- ☐ insolvent 257
- ☐ inspect 101

색인 | Index

- inspector 101
- install 257
- instinct 103
- instruction manual 160
- insular 55, 225
- insularity 225
- insulate 55
- insulation 55
- insult 97
- insurance company 157
- insurant 105
- insure 105
- insurer 105
- insurgence 258
- integrity 258
- intemperate 106
- intend 225
- intent 225
- intention 108, 225
- intentional 225
- interlude 67
- interrogation 183
- interrupt 95
- intimacy 225
- intimate 225
- intrude 111
- inundant 112
- inundate 112, 258
- invade 114, 142
- invalid 115
- invective 258
- inveigh 258
- inventory 258
- invincible 119
- invisible 119
- invocation 142
- involuntary 121
- involved 121
- islet 148
- issue 165
- issuing bank 165
- item 154

J

- jeer 258
- jet 57
- jettison 57
- job market 184
- job performance 184
- job security 184
- job title 184
- jocular 258
- joint 58
- joint-stock company 152
- jolt 184, 258
- jovial 258
- jubilant 258
- judge 59
- juggle 184
- jump on the bandwagon 184
- junk 184
- jurisdiction 59
- justice 59
- justify 59
- juvenile court 184
- juxtaposition 258

289

K

- ☐ keep it up 184
- ☐ kindred 60
- ☐ kitchen ware 154
- ☐ kleptomania 70
- ☐ knock off work 184
- ☐ knuckle down 185

L

- ☐ laborious 60
- ☐ laggard 147
- ☐ landmark 188
- ☐ lapse 258
- ☐ latent 258
- ☐ laud 258
- ☐ laugh all the way to the bank 188
- ☐ launder 60
- ☐ lava 60
- ☐ lavatory 61
- ☐ lave 61
- ☐ lavish 61
- ☐ law suit 157
- ☐ lean(1) 225
- ☐ lean(2) 225
- ☐ legal action 188
- ☐ legal fee 188
- ☐ legend 62
- ☐ legible 62
- ☐ let in 188
- ☐ let up 188
- ☐ lethal 258
- ☐ letup 258
- ☐ level off 188
- ☐ leveling-off 188
- ☐ levity 63, 258
- ☐ levy 63
- ☐ lexicon 258
- ☐ liaison 259
- ☐ libel 259
- ☐ lie ahead 188
- ☐ life-seized 188
- ☐ limited company 152
- ☐ liquid detergent 188
- ☐ listed company 152
- ☐ listless 259
- ☐ listlessness 259
- ☐ literal 62
- ☐ literate 63
- ☐ literature 63
- ☐ litigation 259
- ☐ local 64
- ☐ locomotion 64
- ☐ locomotive 64
- ☐ locution 65
- ☐ logic 65
- ☐ long-range 66
- ☐ longitude 66
- ☐ loquacious 259
- ☐ lore 259
- ☐ loud 225
- ☐ loudness 225
- ☐ Lower House 223
- ☐ lubricate 259
- ☐ lucid 68
- ☐ lucrative 188
- ☐ ludicrous 67
- ☐ luminary 68

- luminescence 68
- luminous 68
- lurid 259
- lust 225
- luster 69, 225

M

- magnanimous 69, 259
- magnificent 69
- magnify 69
- main lines of business ....
  .... 155, 161
- maintain 70
- maintenance 71
- make a profit 189
- make allowances 189
- make it 189
- malady 142
- malediction 142
- malefactor 142
- malevolent 122, 142
- malodorous 143
- maltreat 143
- malversation 143
- manager 152
- managing director 152
- manifest 71
- manifestation 71
- manipulate 71
- manufactory 71
- manufacture 71
- manufactured goods 155
- manuscript 71
- map out 189
- margin of error 189
- marine 72
- marine products 155
- mariner 72
- maritime 72
- market background 189
- market trend 150
- marketing strategy 189
- marvel 81
- mature 189
- maxim 69
- maximum 69
- meantime 73
- meanwhile 73
- measurable 72
- measure up 189
- measurement 73
- median 73
- mediate 73
- mediator 189
- medications 189
- medieval 74
- mediocre 74
- mediocrity 74
- meditate 225
- meditation 225
- Mediterranean 74
- medium 74
- megalomania 70
- memento 259
- memoir 75
- memorandum 75
- memorial 75
- ment 75
- mental 76

- ☐ mention 76
- ☐ mentor 259
- ☐ merchandise 155
- ☐ merchandise display 189
- ☐ merge 76
- ☐ merger 76
- ☐ metabolism 189
- ☐ meticulous 190, 259
- ☐ micron 77
- ☐ microscope 78
- ☐ microwave 78
- ☐ midday 74
- ☐ midst 74
- ☐ midsummer 74
- ☐ midway 75
- ☐ mien 259
- ☐ migrate 78
- ☐ migratory 78
- ☐ mince 80
- ☐ mind you 204
- ☐ mindless 215
- ☐ minimum wage 190
- ☐ minister 80
- ☐ minor 80
- ☐ minor offense 190
- ☐ minute 80, 226
- ☐ minutes 226
- ☐ miracle 81
- ☐ miraculous 81
- ☐ mirage 81
- ☐ misgiving 259
- ☐ mishap 51
- ☐ mislead 226
- ☐ misleading 226
- ☐ mission 82

- ☐ misunderstand 226
- ☐ misunderstanding 226
- ☐ mitigate 226
- ☐ mitigation 226
- ☐ mode 82
- ☐ moderate 82
- ☐ modest 82, 226
- ☐ modesty 82, 226
- ☐ modify 83
- ☐ modulate 83
- ☐ mollify 259
- ☐ momentarily 226
- ☐ momentary 226
- ☐ monarch 17
- ☐ monomania 70
- ☐ morbid 84
- ☐ morbidity 190
- ☐ mores 259
- ☐ mortal 84
- ☐ mortality 84
- ☐ mortally 84
- ☐ mortgage 84
- ☐ mortification 85
- ☐ mortify 85
- ☐ mortuary 85
- ☐ multiplication 226
- ☐ multiply 226
- ☐ muster 259

N

- ☐ nasty 190
- ☐ naturally 239
- ☐ nauseous 260
- ☐ navel 147

색인 | Index

- nebulous 260
- neglect 62
- neglectful 62
- nepotism 260
- nerd 190
- nettle 260
- nip in the but 190
- nominal 85
- nominate 85
- non-delivery 157
- nonchalance 260
- nonentity 260
- novelty 86
- novice 87, 260
- nuptial 260

O

- obedience 226
- obedient 226
- obese 260
- obesity 190
- obey 226
- object 227
- objection 57, 227
- objectionable 227
- objective 227
- obligation 161, 227
- obligatory 227
- oblige 227
- obliging 227
- obliquely 190
- obliterate 63, 260
- oblivion 227
- oblivious 227
- oblong 66
- obnoxious 260
- obscene 190
- obscenity 260
- obscure 227
- obscurity 227
- observance 227
- observant 227
- observation 227
- observe 227
- obsess 227
- obsession 227
- obsessive 228
- obsolete 228
- obstacle 228
- obstinacy 228
- obstinate 228
- obstruct 228
- obstruction 228
- obtain 108, 228
- obtain an order 164
- obtainable 228
- obtrude 111, 228
- obtrusive 228
- obvious 228
- obviously 228, 239
- occasion 228
- occasional 228
- occasionally 228
- occurrence 229
- odd 229
- oddity 229
- oddly 229
- odds 229
- odor 229

293

- ☐ off the cuff 191
- ☐ off the top of one's head ... 191
- ☐ off-street 229
- ☐ off-the-record 191
- ☐ offbeat 191
- ☐ offence 229
- ☐ offend 229
- ☐ offensive 229
- ☐ offhand 229
- ☐ official 229
- ☐ officially 229
- ☐ officious 260
- ☐ offset 229
- ☐ offspring 229
- ☐ omission 229
- ☐ omit 230
- ☐ omnibus 143
- ☐ omnipotence 143
- ☐ omnipotent 143
- ☐ omnipresent 143
- ☐ omniscient 144
- ☐ omnivorous 122, 144
- ☐ on a regular basis 191
- ☐ on the contrary 230
- ☐ on the cutting edge of 191
- ☐ on the off chance 191
- ☐ on the warpath 191
- ☐ on top of which 191
- ☐ one thing leads to another ....
 191
- ☐ one way or the other 191
- ☐ opaque 260
- ☐ open-and shut case 191
- ☐ open secret 191
- ☐ opening bank 165
- ☐ operate 230
- ☐ operation 230
- ☐ operation manual 160
- ☐ oppose 230
- ☐ opposed 230
- ☐ opposite 230
- ☐ oppress 230
- ☐ oppression 230
- ☐ oppressive 230
- ☐ order sheet 164
- ☐ ordinance 260
- ☐ organic farming 191
- ☐ organic produce 192
- ☐ original 230
- ☐ originality 230
- ☐ originally 230
- ☐ originate 230
- ☐ ornament 231
- ☐ ornamental 231
- ☐ orthodox 38
- ☐ ostentation 231
- ☐ ostentatious 231
- ☐ ostentatiously 231
- ☐ ostracism 260
- ☐ other party 162
- ☐ out of curiosity 192
- ☐ outbreak 231
- ☐ outburst 231
- ☐ outcome 231
- ☐ outdo 231
- ☐ outgo 231
- ☐ outgoing 158
- ☐ outlaw 231
- ☐ outlet 231
- ☐ outline 231

색인 | Index

- outlive 231
- outlook 231
- output 231
- outrage 231
- outrageous 192, 231
- outright 231
- outset 231
- outskirts 231
- outstanding 232
- outward 232
- ovation 260
- overbearing 260
- overcome 232
- overdo 232
- overeat 232
- overflow 232
- overhead 232
- overhear 232
- overkill 192
- overlap 232
- overlook 232
- overnight 232
- overrate 232
- overrule 232
- overrun 232
- overseas 232
- overt 260
- overthrow 232
- overtime 232
- overture 261
- overwork 232

P

- pager 192
- painful 232
- painstaking 232
- palpable 261
- pang 233
- pant 233
- paradox 38
- paramedic 192
- paramount 83
- paramour 14
- parent company 152
- parity 261
- parley 88, 261
- parliament 88
- parlor 88
- partake 233
- partial 223
- participle 233
- particle 147, 233
- parties concerned 163
- parting 233
- partnership 233
- pass for 233
- passable 233
- passage 233
- passer-by 233
- pastoral 88
- pasturage 88
- pasture 88
- paternal 233
- patriarch 261
- patriot 233
- patriotic 233
- patriotism 233
- paucity 261
- pawn 261

- pay for oneself 192
- pecuniary 261
- peddle 89
- peddler 89
- pedestrian 89
- pending 91
- peninsula 55
- penitent 261
- perceive 233
- perceptible 234
- perception 234
- peremptory 261
- perform 144
- perfunctory 261
- permeate 261
- pernicious 261
- perpetrate 261
- persecute 144
- persistent 98
- personally 239
- perspective 102
- pert 261
- pertinent 192
- perturb 111
- peruse 113, 114, 261
- pervade 114, 144, 234
- pervasion 234
- pervasive 234
- perversion 234
- pervert 117, 234
- philanthropy 261
- physical assault 192
- pick up 213
- pile sky-high 192
- pilfer 261

- pilferage 157
- pillage 261
- pinch 214
- pinnacle 147
- pitch in 192
- plagiarism 261
- plaintiff 192
- platitude 261
- play a practical joke 193
- plight 193
- plummet 193
- plunder 262
- plunge 193
- point man 193
- pollute 61
- polygamy 145
- polyglot 262
- polygon 145
- polygraph 145
- polygyny 145
- polytheism 145
- poor quality 159
- pop the question 193
- pop up 193
- popularization 234
- popularize 234
- portfolio 193
- posthumous 54
- postlude 67
- pots of money 193
- pound 234
- pout 234
- poverty 234
- precede 234
- precedence 28

색인 | Index

- precedent 234
- preceding 234
- precept 262
- preclude 262
- precursor 262
- predatory 262
- predicament 262
- predict 37
- predilection 193
- predilection 262
- preeminent 193
- preface 40
- prejudice 59
- prelude 67
- premium 193
- premium price 193
- preoccupation 193
- preoccupied 234
- preoccupy 234
- preparatory 87
- prescription drug 194
- presumably 239
- presumption 104
- presumptuous 262
- pretence 235
- pretended 235
- prevail 115
- preventive medicine 194
- printed matter 158
- prioritize 194
- priority 194
- pristine 194
- private business 194
- privation 262
- privy to 194

- probe 262
- procedure 235
- proceed 28, 235
- process 235
- procession 235
- proclivity 262
- procrastinate 262
- procrastination 194, 262
- prod 194
- products 155
- profit 161
- profuse 262
- profusion 262
- progeny 262
- project 57
- projection 57
- prolong 66
- promontory 83, 262
- propel 90
- propensity 262
- prospect 102
- prospective 102
- prosper 235
- prosperity 235
- prosperous 235
- protocol 262
- protracted 194
- protrude 111
- provident 119
- provision 119, 163
- provoke 120
- pseudonym 262
- public domain 194
- pull in 194
- pull strings 194

297

- pulse 90
- purloin 262

Q

- quagmire 263
- qualified 195
- quality certificate 159
- quality control 159
- quality guarantee 159
- qualm 263
- quick buck 195
- quorum 263
- quota 263

R

- radius 263
- raise hell about ~ 195
- ramification 263
- rampant 195
- ransack 263
- rapacious 93
- rape 93
- rapprochement 263
- rapt 93
- rapture 93
- rational 235
- rationalize 235
- ravage 93
- ravish 93
- real estate agency 195
- rebel 23
- rebellion 23
- rebound 195
- recapitulate 263
- recede 28
- reciprocate 263
- recitation 29
- recite 29
- recrimination 263
- rectitude 263
- recuperative 263
- redolent 263
- redundant 112, 263
- refer 235
- reference 235
- refine 43
- refractory 263
- regime 94
- regiment 94
- region 94
- registered mail 158
- reign 94, 235
- reimburse 195, 263
- reinforce 235
- reinforcement 235
- reject 57
- rejection 58
- rejoin 58
- relate 195
- relegate 263
- relent 195
- relentless 264
- reliability 161
- relief 63
- relieve 64
- remarks 163
- remuneration 264
- renew 165

색인 | Index

- renounce 86, 236
- renovate 87, 264
- renown 236
- renowned 236
- repair 157
- reparation 87, 264
- reparative 87
- repast 264
- repeat order 164
- repel 90
- repercussion 264
- replace 157
- replica 264
- repository 264
- Representatives 223
- repress 264
- reprimand 264
- reprisal 264
- reproach 264
- repudiate 264
- repulse 90
- reputable 91
- repute 91
- require 92
- requisite 264
- requisition 92
- resolve 99
- respite 264
- restitution 264
- retailer 153
- retain 108
- retort 110
- retract 264
- retribution 264
- retrograde 48
- revelation 264
- revenue 116
- revise 120
- revoke 120
- revoke an order 164
- revolve 121
- right off the bat 195
- rip off 195
- rising tide 196
- rivulet 94
- rock bottom 196
- roster 264
- rotund 264
- rout 265
- row(1) 236
- row(2) 236
- row(3) 236
- rudimentary 264
- rue 236
- rueful 236
- rule out 196
- rummage 265
- rumple 265
- rupture 95
- ruthless 265

s

- safe and sound 196
- sag 150
- sagacity 265
- sales ability 161
- sales amount 161
- sales note 163
- salutary 96

299

- salute 96
- sample order 164
- sample sheet 160
- sanatorium 96
- sane 96
- sanitary 96
- sarcasm 236, 265
- sarcastic 236
- sate 97
- satiate 97
- saturate 97
- save face 196
- save on 196
- save the day 196
- savings rate 196
- savor 196, 256
- scam 196
- scammer 196
- scapegoat 265
- schism 265
- scream 236
- screamer 236
- screaming 236
- scribble 196
- seclude 30
- secretary 153
- secure 34
- secure an order 164
- security 34
- seeming 236
- seemingly 236
- seize 236
- seizure 237
- select 62
- self-discipline 197
- semblance 265
- Senate 223
- senile 265
- senior citizen 197
- sensible 197
- separately 158
- set a good example 197
- settle a dispute 197
- settlement 157
- setup 197
- sever 265
- shackle 265
- shibboleth 265
- shift 197
- shift gears 197
- shipshape 197
- shop around 197
- shot 197
- shot-tempered 197
- sibling 265
- sign off 197
- sign on the dotted line ... 197
- sign up 198
- skirmish 265
- sky-high 198
- slacken 265
- slant 198
- slash prices 198
- slot in 198
- slovenly 265
- slump 150
- small fortune 198
- smokers' ranks 198
- smug 265
- snob 237

색인 | Index

- snobbish 237
- snug 265
- soar 151
- sob story 237
- sob stuff 237
- sole 100
- solicitation 29
- solid 99
- solidify 99
- soliloquy 66
- solitary 100
- solitude 100
- solvency 161
- solvent 99
- sonorous 101
- sort out 198
- souvenir 116
- spasmodic 266
- special delivery 158
- specifications 160
- specimen 102
- specious 102
- spectacle 102
- spectator 102
- sphere 103
- split order 164
- sporadic 266
- spouse 198
- sprightly 266
- spurn 266
- squalid 266
- stagnant 237
- stagnate 237
- stagnation 237
- stalk 266
- standard of living 198
- standard quality 160
- standardization 237
- standardize 237
- standpoint 237
- standstill 237
- stark 266
- stationery 155
- status quo 266
- stenography 50
- stereotype 266
- steward 123
- stiff 151
- stiffen 151
- stigma 104, 266
- stigmatize 104
- sting 198
- stipend 266
- stipulate 266
- stock 155
- stock market 151
- stratagem 266
- stratosphere 103
- streamline 198
- stringent 266
- stultify 266
- stun 266
- subjection 58
- subjugation 266
- submarine 72
- submerge 76
- subordinate 266
- subsequence 237
- subsequent 237
- subsequently 237

301

- ☐ subsidiary company 153
- ☐ subsist 98, 266
- ☐ subsistence 98
- ☐ substance 237
- ☐ substantial 238
- ☐ substantiate 266
- ☐ substitute 155
- ☐ subterfuge 266
- ☐ subterranean 108
- ☐ succession 28
- ☐ succulent 267
- ☐ succumb 198
- ☐ sucker 198
- ☐ sumptuous 105
- ☐ sundry 267
- ☐ superb 267
- ☐ supercilious 267
- ☐ supplant 267
- ☐ supplication 267
- ☐ supplier 153
- ☐ surcharge 199
- ☐ surely 239
- ☐ surety 105
- ☐ surf the Web 199
- ☐ surface 40
- ☐ surmise 267
- ☐ surmount 83
- ☐ survey 157
- ☐ suspend 91, 199, 238
- ☐ suspend an order 164
- ☐ suspension 238
- ☐ sustain 238
- ☐ swallow(1) 238
- ☐ swallow(2) 238
- ☐ sweep 199
- ☐ sweet tooth 199
- ☐ symmetric 77
- ☐ symmetry 77
- ☐ synonym 213

T

- ☐ tack 199
- ☐ take on 199
- ☐ take the final bow 199
- ☐ take time out 199
- ☐ tantalize 238
- ☐ tantalizing 238
- ☐ tantamount 267
- ☐ tart 267
- ☐ taut 267
- ☐ team up 199
- ☐ teem 267
- ☐ teetotaler 267
- ☐ telegram 49
- ☐ telegraph 50
- ☐ tell on someone 199
- ☐ temp(=temporary staff) ... 199
- ☐ temperate 106
- ☐ tender(1) 238
- ☐ tender(2) 238
- ☐ tenet 108
- ☐ tension 108
- ☐ tentative 267
- ☐ tenuous 267
- ☐ tenure 108
- ☐ tepid 267
- ☐ terms of payment 163
- ☐ terrestrial 109
- ☐ territory 109

색인 | Index

- territory ... 162
- terse ... 200, 267
- textile goods ... 155
- that goes for ~ ... 200
- the way it is now ... 200
- there is a brisk demand for ~ ... 151
- there is a great demand for ~ ... 151
- there is a poor demand for ~ ... 151
- there is a steady demand for ~ ... 151
- third party ... 163
- time lag ... 200
- time-consuming ... 200
- tip ... 200
- to the bone ... 200
- to the contrary ... 230
- toilet articles ... 155
- token of appreciation ... 200
- tone of voice ... 200
- top brass ... 200
- tortuous ... 267
- torture ... 110
- tourist board ... 200
- tourist brochure ... 200
- toxic ... 267
- transaction ... 162
- transcribe ... 238
- transcript ... 238
- transfer ... 165
- transit ... 56
- transmission ... 82
- transmit ... 82
- trash ... 200
- traumatic ... 267
- tribulation ... 268
- trim ... 200
- trivial ... 268
- truancy ... 238
- truant ... 238
- trumped-up story ... 201
- tune out ... 201
- turbid ... 112
- turbulent ... 112
- turnpike ... 268
- twist ... 201

U

- ultimatum ... 268
- unanimous ... 16
- under obligation ... 201
- under pressure ... 201
- underage ... 201
- undo ... 145
- undulate ... 113
- unfasten ... 145
- unfold ... 146
- unification ... 238
- uniform quality ... 160
- uniformity ... 239
- unify ... 239
- unilateral ... 214
- unison ... 101, 268
- unjust ... 59, 146
- unlock ... 146
- unripe ... 146
- unsafe ... 146

- ☐ untie 146
- ☐ upheaval 201, 268
- ☐ uphill battle 201
- ☐ Upper House 223
- ☐ upshot 201, 268
- ☐ upstart 268
- ☐ upswing 201
- ☐ urbane 268
- ☐ usurer 113
- ☐ usurp 268
- ☐ utensil 113

V

- ☐ vacant 114
- ☐ vacate 114, 268
- ☐ vagabond 115
- ☐ valiant 115
- ☐ valid 116
- ☐ validity 165
- ☐ vapid 268
- ☐ venal 268
- ☐ venerable 268
- ☐ veracity 117
- ☐ verify 117
- ☐ veritable 117, 268
- ☐ vertex 117
- ☐ vertical 117
- ☐ via 118
- ☐ vicissitude 268
- ☐ vie 268
- ☐ vigil 268
- ☐ vindication 268
- ☐ virile 269
- ☐ virtuoso 269
- ☐ visual 120
- ☐ volition 122
- ☐ voluntary 122
- ☐ voracity 123
- ☐ vulnerable 20

W

- ☐ ....ward 123
- ☐ wardrobe 123
- ☐ warning 157
- ☐ waver 269
- ☐ wean 202
- ☐ weird 202
- ☐ well-established 153
- ☐ whim 239
- ☐ whimsical 239
- ☐ wholesaler 153
- ☐ wind down 202
- ☐ winsome 269
- ☐ withdraw an order 164
- ☐ witticism 269
- ☐ wrap it up 202

Z

- ☐ zenith 269